世紀
人物 100

舌燦蓮花定天下

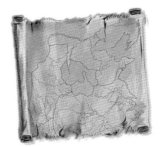

張儀

胡其瑞 著

三民書局

獻給孩子們的禮物

主編的話

世界上最幸福的孩子,是他們一出生就有機會接近故事書,想想看,那些書中的人物,不論古今中外都來到了眼前,與他們相識,不僅分享了各個人物生活中的點滴,孩子們的想像力也隨著書中的故事情節飛翔。

不論世界如何演變,科技如何發達,孩子一世幸福的起源,仍然來自於父母的影響,如果每一個孩子都能從小在父母親的懷抱中,傾聽故事,共享閱讀之樂,長大後養成了閱讀習慣,這將是一生中享用不盡的財富。

三民書局的劉振強董事長 ,想必也是一位深信讀書是人生最大財富的人,在讀書人口往下滑落的多元化時代,他仍然堅信讀書的重要,近年來,更不計成本,連續出版了特別為孩子們策劃的兒童文學叢書,從「文學家」、「藝術家」、「音樂家」、「影響世界的人」系列到「童話小天地」、「第一次」系列,至今已出版了近百本 ,這僅是由筆者主編出版的部分叢書而已,若包括其他兒童詩集及套書 ,三民書局已出版不下千百種的兒童讀物。

劉董事長也時常感念著,在他困苦貧窮的青少年時期,是書使他堅強

向上，在社會普遍困苦，而
生活簡陋的年代，也是書成
了他最好的良伴，他希望在他的有
生之年，分享這份資產，讓下一代可以
充分使用，讓親子共讀的親情，源遠流長。

　　「世紀人物100」系列早就在他的關切中構
思著，希望能出版孩子們喜歡而且一生難忘的好
書。近年來筆者放下一切寫作，接下這份主編重
任，並結合海內外有心兒童文學的作者共同為下一代效力，正是感動
於劉董事長致力文化大業的真誠之心，更欣喜許多志同道合的朋友，
能與我一起為孩子們寫書。

　　「世紀人物100」系列規劃出版一百位人物故事，中外各占五十
人，包括了在歷史上有關文學、藝術、人文、政治與科學等各行各業
有貢獻的人物故事，邀請國內外兒童文學領域專業的學者、作家同心
協力編寫，費時多年，分梯次出版。在越來越多元化的世界中，每個
人都有各自的才華與潛力，每個朝代也都有其可歌可泣的故事，但是
在故事背後所具有的一個共同點，就是每個傳主在困苦中不屈不撓，
令人難忘的經歷，這些經歷經由各作者用心博覽有關資料，再三推敲
求證，再以文學之筆，寫出了有趣而感人的故事。

　　西諺有云：「世界因有各式各樣不同的人群，才更加多采多姿。」
這套書就是以「人」的故事為主旨，不刻意美化傳主，以每一位傳主
的生活經歷為主軸，深入描寫他們成長的環境、家庭教育與童年生

活，深入探索是什麼因素造成了他們與眾不同？是什麼力量驅動了他們鍥而不捨的毅力？以日常生活中的小故事，來描繪出這些人物，為什麼能使夢想成真。為了引起小讀者的興趣，特別著重在各傳主的童年生活描述，希望能引起共鳴。尤其在閱讀這些作品時，能於心領神會中得到靈感。

和一般從外文翻譯出來的偉人傳記所不同的是，此套書的特色是，由熟悉兒童文學又關心教育的作者用心收集資料，用有趣的故事，融入知識，並以文學之筆，深入淺出寫出適合小朋友與大朋友閱讀的人物傳記。在探討每位人物的內在心理因素之餘，也希望讀者從閱讀中，能激勵出個人內在的潛力和夢想。我相信每個孩子在年少時都會發呆做夢，在他們發呆和做夢的同時，書是他們最私密的好友，在閱讀中，沒有批判和譏諷，卻可隨書中的主人翁，海闊天空一起遨遊，或狂想或計畫，而成為心靈知交，不僅留下年少時，從閱讀中得到的神交良伴（一個回憶），如果能兩代共讀，讀後一起討論，綿綿相傳，留下共同回憶，何嘗不是一幅幸福的親子圖？

2006 年，我們升格成為祖字輩，有一位朋友提了滿滿兩袋的童書相送，一袋給新科父母，一袋給我們。老友是美國國家科學院院士，曾擔任過全美閱讀評估諮議委員，也是一位慈愛的好爺爺，深信閱讀

對人生的重要。他很感性的說：「不要以為娃娃聽不懂故事，我的孫兒們一出生就聽我們唸故事書，長大後不僅愛讀書而且想像力豐富，尤其是文字表達能力特別強。」我完全同意，並欣然接受那兩袋最珍貴的禮物。

因為我們同樣都是愛讀書、也深得讀書之樂的人。

謹以此套「世紀人物 100」叢書送給所有愛讀書的孩子和家庭，以及我們的孫兒——石開文，他們都是世界上最幸福的孩子，因為從小有書為伴，與愛同行。

「學歷史的人，最怕寫出不是歷史的作品。」

我想，這是每一個自詡為「史學工作者」的人最害怕發生的事情。可是，當文學遇上了歷史，怎麼把歷史寫得引人入勝，卻又不背離史實，這著實是一件很令人煩惱的事情。因此，就像紅極一時的電視影集「宰相劉羅鍋」的片頭一樣，我情願在這本書的前言裡也寫上「不是歷史」這四個大字。

這是一本以戰國時期的縱橫家大師——張儀作為主題的故事書。書中提及戰國後期的許多縱橫家，描寫當時各國在「連橫」與「合縱」政策下反反覆覆的一段過程。書中特別提到了張儀與「同班同學」蘇秦的一段故事，而傳統的歷史學者受到司馬遷的《史記》所影響，一直認為蘇秦與張儀是同一個時代的人。但後人的考據卻發現，張儀和蘇秦兩人其實並非同一時期的縱橫家。事實上，蘇秦應該比張儀晚一點出生，而與張儀真正針鋒相對的縱橫家，應該是本書裡所提到的公孫衍。

之所以會有如此的錯亂，司馬遷自己也已經告訴我們答案了，他在〈蘇秦列傳〉中寫道：「世間對於蘇秦的傳說相當的混亂，事實上是因為當時的人把相類似的事情，都當作是蘇秦的所作所為。」

　　遺憾的是，連司馬遷也無法明確的指出，他所撰寫的《史記》當中，到底哪一部分是屬於蘇秦的事蹟，也因此造成了蘇秦事蹟的混亂。同樣的，司馬遷可能也參酌了《戰國策》來編寫《史記》的〈張儀列傳〉。因此，許多原本或許不屬於張儀的事情，也都堆積到他的頭上了。這樣的問題，成為我在撰寫本書時所遇到的最大困難。究竟哪些屬於史實？哪些屬於想像？哪些屬於後人的捏造？哪些又屬於他人故事的堆積呢？

　　為了避免太大的爭議，本書以司馬遷的《史記》作為主要的依據；以楊寬所撰寫的《戰國史》以及《戰國史料編年輯證》兩本書作為事件發生時間先後的依據；以余邵魚等人編撰的《東周列國志》作為「想像的發揮」。因此，我將這本書定位為「故事」而非「歷史」。

　　對於本書的讀者，我有幾個建議：首先，不用太在意書中人物的名字和國籍，因為這會讓本書讀起來變得枯燥；其次，不用執著

於考證本書故事與史實的相符程度，因為這會讓本書失去了許多的想像空間；最後，我希望讀者可以用更多的想像力，去描繪書中人物的性格與表情，我想，這會讓本書讀起來更有意思。

寫書的人

胡其瑞

筆名「出谷司馬」，政大歷史系碩士，現任中央研究院歷史語言研究所研究助理。喜歡在部落格裡寫寫散文，發發牢騷；偶爾喜歡投投稿，然後因為文章被刊登而高興十天半個月。曾發表〈餓的話，每日熬一鷹〉、〈兵變俱樂部〉、〈我的情報局鄰居們〉、〈兩個女人的戰爭〉以及〈我的 DIY 老爹〉等散文。著作有《運籌帷幄，決勝千里：張良》、《石頭將軍：吳起》等。

舌燦蓮花定天下

張儀

目次

世紀人物 100

張　儀

？～前310

前　言

——故事是從舌頭開始的

　　小朋友，你知道什麼叫做「三寸不爛之舌」嗎？你相信有人可以光靠一張嘴就左右整個國際局勢嗎？好像很難對不對？短短的一節舌頭，怎麼有可能改變什麼？但是，在歷史上真的有這麼一個人，光靠他短短的舌頭，就震動了整個時代呢！事情就發生在中國歷史上一個最混亂，但卻也是最多采多姿的朝代，那個朝代叫做「周朝」。

　　在周朝剛剛建立的時候，由於歷任的幾位君王都相當的努力勤奮，所以，充滿了欣欣向榮的氣象。百姓們各個安居樂業，過著愉快的生活；君王和文武百官們也都認真負責，把整個國家治理得井然有序。

　　周朝是實行封建制度的朝

代。什麼是「封建制度」呢？簡單的說，封建制度就是整個國家的政治由一層層不同階級的人組合起來，最上層的是周朝的君王，大家都稱呼他為「天子」，因為他是上天的兒子，是天下百姓共同的主人。天子之下有許多不同階級的官員，他們有的是周天子的家族成員，有的則是對王朝有功的大臣，這些人，我們都稱他們為「諸侯」。所以，整個周朝的政治看起來就像一座金字塔，最上面是天子，下面依序是不同等級的諸侯。

除了這種象徵意義的權威外，天子還擁有首都周邊一大片領土的政治、經濟以及軍事權力，這塊領土叫做「王畿」，意思就是「周天子的土地」；而其餘的領土，則按照一定的規矩分封給諸侯們。諸侯們可以掌管地方的稅收與政治，但諸侯國對中

央政府也有交稅和保護天子安全的義務。

各個諸侯又分為五個等級的爵位，分別是：公、侯、伯、子、男五種，封國領土的大小，以及他們可以擁有多少軍隊，都得按照爵位的等級來分配。所以，在封建制度下，無論是農業生產、軍事行動、爵位繼承，都受到嚴格的約束，有一定的規矩和步驟。也由於有著這樣的規範，讓周朝維持了很長一段時間的穩定與繁榮。

但是，這樣的好日子並不是永遠不變的，連續幾個不大用心的天子讓周朝的政治開始慢慢走下坡。直到沉迷於酒色的周幽王，為了博取寵妃褒姒的歡心，甚至將原本已經安排要繼位的太子廢掉，打算讓褒姒的兒子成為太子，並且改立褒姒為王后。這樣的作法讓許多大臣感到非常不

滿，尤其是原來王后的父親。

為了奪回王后的位子，王后的父親聯合當時在周朝首都附近的一群少數民族——犬戎——一起攻入京城。但是，他萬萬沒有想到這個作法卻是引狼入室，最後幽王被殺，褒姒被抓，使得周朝幾乎要滅亡，歷史上稱此為「犬戎之禍」。

在一陣燒殺擄掠之後，整個京城變得殘破不堪，根本不像一個首都的樣子，幽王的繼任者周平王只能把首都由原來的鎬京遷到東邊的雒邑。後代的歷史學家便把定都在鎬京的周朝稱為「西周」；遷到雒邑之後的周朝稱為「東周」。

從西周到東周，周天子的權威慢慢的下降了。

犬戎之禍讓各個諸侯國開始輕視周天子，甚至連這場動亂都是靠諸侯國來幫忙平定的。為了

答謝這些諸侯，周王便把許多的土地賜給那些平亂有功的諸侯們。結果，這些諸侯「很自動的」繼續擴大自己的領土，甚至侵略到王畿，而周天子也不敢說些什麼。於是諸侯們的行徑越來越大膽，周王室的權威就越來越薄弱了。

到了後來，周王室僅僅擁有雒邑周圍小小的一塊地，而在土地狹小，人口又少的狀況下，王室的經濟狀況變得大不如前，更別提什麼軍事力量了；周天子根本養不起龐大的軍隊，所以只好縮減軍隊的人數，大量的裁軍。沒有軍事與經濟力量的周天子，就像斷了手臂的拳王一樣，空有著天子的稱號，但是在諸侯的心中早已沒有什麼影響力了。

為了重建周天子的權威，有一些勢力比較強大的諸侯國，便舉著「尊王攘夷」的大旗，號召

大大小小的諸侯國一起來「尊重周天子，抵擋外邦民族的入侵」。這種作法看起來對周天子的權威是有那麼一點點起死回生的功效，但是事實上只不過是讓這些勢力強大的諸侯們，成為天下的霸主而已。歷史上稱為「春秋五霸」的齊桓公、晉文公、宋襄公、秦穆公和楚莊王，就是這個時代有名的霸主。

又過了一段時間，霸主的時代過去了。因為沒有人願意只讓別人當霸主，所以各個諸侯開始雄據一方，並且對外擴充領土。經過了好多年的兼併與占領，除了早已不被重視的周天子外，整個周朝分裂成七個主要的諸侯國，它們分別是秦、楚、燕、齊、韓、趙、魏等七國。後來，我們就把霸主的年代稱為「春秋」；七國的時代稱為「戰國」，這七個國家，歷史上就稱

它們為「戰國七雄」。我們背誦的《三字經》裡面提到的「始春秋，終戰國，五霸強，七雄出」，指的就是東周這個時代。

在這七個國家當中，發展最為快速的要算是秦國了。由於秦國的國君聘請了有名的政治家商鞅來為秦國進行改革，使得秦國的政治與軍事蒸蒸日上，很快便超越了其他六國，成為當時國際間很大的威脅。當然，其他六國也不甘示弱，每個國君每天都努力的思考，要怎麼樣才能成為一個比秦國更強大的國家。因此，為了增強自己的實力，各國的國君都願意用大筆的金銀財寶來吸引各地有能力的人，希望可以藉由這些「賢人」的能力，讓自己的國家走向富強，甚至寄望有一天可以統一天下，成為新一代的「新天子」。於是，許多有理想有抱負的人，便遊走於各國家之

間，宣傳自己的理念，希望能被君王重用。更重要的，當然是要讓自己升官發財，從此榮華富貴享用不盡。

所以，在當時的國際情勢之下，有兩種重要的學說最被重視。第一種稱之為「連橫」。什麼是連橫呢？簡單的說，就是由強國出面拉攏一些弱小的國家，去攻打另外一些弱小的國家，然後趁機去兼併它們的土地、增強自己的國力；第二種學說稱之為「合縱」，就是將許多弱小的國家聯合起來，共同抵擋一個強國，以防止這些小國家被這個強國兼併。而這裡所謂的強國，多半指的都是秦國，所以列國總是以秦國作為假想的敵人或朋友，在合縱與連橫政策之下，進行各樣的合作與侵略。而這些倡導連橫或合縱政策的人，我們便稱他們為「縱橫家」。縱橫家們在戰

國時代紛亂的局勢下，操縱著國際間複雜的外交關係。由於他們熟知各國的情勢，而且洞悉人性的弱點，因此可以在錯綜複雜的政治局勢中，靈活的運用外交策略，左右各國之間的互動關係。

　　這本書的故事，就是從這些舌頭相當厲害的縱橫家們開始的。

1 兩個好同學

相傳在一座遙遠的山林裡，住著一位隱居多年的老人，由於這個地方叫做鬼谷，所以大家都稱這位老先生為鬼谷子。鬼谷子收了很多的學生，其中有許多人後來都成為戰國時期有名的人物，而其中有兩個優秀的學生，一個叫張儀，一個叫蘇秦。

張儀和蘇秦是鬼谷子很重視的學生，他們在鬼谷子的門下求學，已經有好長一段時間了。有一天，張儀和蘇秦兩個人來到鬼谷子的面前，對鬼谷子說：「老師，我們希望能夠下山去，利用您教導我們的一切，到各國發揮所長，求取功名。」

鬼谷子緩緩的回答說：「你們倆都是我最優秀的學生，以你們的資質，如果繼續留在這裡作我

的學生，有一天說不定可以成為呼風喚雨的神仙，何苦要到那個平凡無趣的世界裡，追尋那些虛浮的名利呢？」

　　張儀回答說：「老師您不是常常教我們：『如果是好的木材，就不會永久生長於岩石之下，任它朽壞；如果是好的寶劍，也不會永久收藏在劍匣當中，讓它生鏽。』我們在老師的門下已經好多年了，可是日子一天一天的過去，若是不趁年輕的時候好好發揮我們的長才，揚名萬世，還要等到什麼時候呢？」蘇秦也同意張儀的說法，在旁邊猛點頭。

　　「是嗎？那你們兩人有沒有一個人想要留下來多陪陪老師我呢？」張儀和蘇秦兩人你看我我看你的，似乎都不願意留在這片荒山野地裡。所以，儘管鬼谷子好意想留下這兩位學生，但是見他們的意志相當堅決，也就不再強

留了。

「唉！」鬼谷子嘆了一口氣說：「算了吧！就讓老師我來為你們兩人各卜一個卦，看看你們未來的禍福吉凶吧！」於是鬼谷子掐指一算，對他們說：「蘇秦，你的運勢是先吉後凶；而張儀，你則是先凶後吉。蘇秦你飛黃騰達得早，而張儀你要比較晚才能有所發揮。老師我希望你們可以互相照應，互相幫忙，不要忘了這麼多年同學的友誼。」兩人半信半疑的拜別了老師，下山往不同的國家發展去了。

張儀下山之後，因為自己是魏國人，很自然的便往魏國去了。但是長年在外求學的他，根本沒有任何的收入，所以家裡的錢幾乎都已經用光了，可以說是到了一貧如洗的地步。窮困的他，也沒有辦法用錢賄賂魏國國君身旁的人，所以一直沒有受到

魏國國君的重用，加上魏國在對外軍事上屢戰屢敗，於是張儀決定帶著家人投奔楚國。

楚國的相國昭陽見張儀頗有學識，又是鬼谷子門下的學生，因此將他收為自己的門客＊。

過了沒有多久，楚、越兩國發生戰爭，楚王派昭陽率兵滅了越國，之後進兵魏國也大獲全勝，楚王很高興，為了犒賞昭陽，便將舉世聞名的「和氏璧」賞賜給他。

這塊和氏璧可不是件平凡的寶物呢！傳說和氏璧為一塊稀世的美玉，不但在黑暗中能夠發光，在寒冷的冬天裡還可以當作

放大鏡

＊門客　是春秋戰國時期流行的一種特殊風尚，也是各國國君或貴族吸引人才的方法。許多各有所長的人為了求發展，投身於這些國君或貴族的門下，一般便稱他們為「門客」或是「食客」。即便門客的素質與背景參差不齊，但這些以養士聞名的國君或是貴族公子都以謙卑的態度，禮賢下士；而門客們多半也都知恩圖報，為東周歷史寫下許多可歌可泣的故事。

取暖的工具；到了夏天，這塊寶玉卻又變得比冰塊還要寒冷。它之所以叫做「和氏璧」，還有這麼一段故事：

相傳在楚國有一個玉匠叫卞和，在荊山挖到了一塊未經雕琢的玉石，並且認定這塊玉石必定為稀世寶玉，便將它獻給楚王。但楚王的玉匠看不出這塊玉石的價值，楚王因而大怒，砍了卞和的左腳。下一任楚王即位，卞和又獻上這塊玉石，但仍舊沒有人看出它的價值，因此又被砍了右腳。直到楚文王即位，知道卞和受了委屈，派人剖開玉石，得到一塊完美無瑕的寶玉，為紀念卞和，因此命名為「和氏璧」。

正因這塊和氏璧是無價之寶，擺在哪裡總覺得不放心，所以，昭陽總是隨身攜帶著，一刻也不讓和氏璧離開自己的視線。有一天，昭陽帶著門客到赤山附

近旅遊，這些門客老早就聽說和氏璧的名聲，所以都希望可以一睹它的光彩。昭陽也是一個愛現的人，見到大家一副非常渴望看看和氏璧的樣子，不由得炫耀了起來。於是，昭陽從層層的盒子裡，小心翼翼的拿出和氏璧，再三囑咐過後，才把這塊寶玉交給賓客一一傳閱。沒想到話才說完，眾賓客七手八腳的圍了上來，誰都想要摸一下這塊稀世珍寶。結果在一陣混亂中，和氏璧竟然不知傳到誰的手上，就這樣不見了。

昭陽生氣極了，也沒有心情看什麼山水，一回到府中，就下令徹查門客，說什麼也要找出偷走和氏璧的人。

那幾個瞎起鬨說要看和氏璧的門客心想，如果最後找不到和氏璧，相國一定會遷怒他們，到時候別說會不會被趕出相國府，

以相國的個性，大概連自己的小命都保不住了。所以，他們串通好了，就把偷璧的罪名，一股腦兒的推給了張儀。他們告訴相國，因為張儀家裡最窮，平常又沒有什麼表現，所以和氏璧一定是張儀偷的。正在氣頭上的昭陽，聽信了這些門客的說詞，立刻下令把張儀抓來，不分青紅皂白的痛打了一頓，要他交出偷走的和氏璧。但是張儀根本沒有偷，又怎麼拿得出來呢？昭陽見張儀已是遍體鱗傷，卻仍不肯招供，只好放了他。

身受重傷的張儀被人抬回家中，張儀的妻子一邊幫他上藥，一邊流著淚說：「唉！如果你當初聽我的話，留在家裡安心的種種田，做做買賣，不要去讀什麼書、遊說什麼君王，現在也就不會遭到這樣的災禍了，連我都得跟著你一起受苦。」

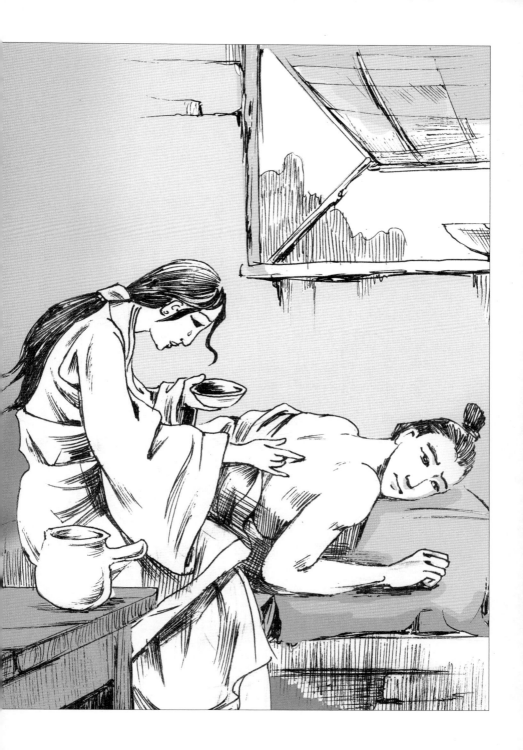

　　突然，張儀氣若游絲的說：「我……我的舌……舌頭……還在嗎？」

　　張儀的妻子聽了不禁笑出聲來：「命還在就不錯了，都什麼時候了還關心自己的舌頭？」

　　「舌頭……」張儀繼續吃力的說，「舌頭還在……就還有……還有本錢吶！」躺在病床上的張儀，暗暗的對自己許了諾言，將來絕對要讓昭陽為他的行為，付出代價！

　　過了些日子，張儀的傷勢漸漸痊癒了，眼看自己既然無法在楚國發展，不如先暫時回到魏國，再打算下一步要往哪裡走。

　　回到魏國之後，大概又過了半年的時間，張儀變得更窮了。但是他聽說自己的同學蘇秦在趙國當了相國，心想也許蘇秦會看在同學多年的情分上，賞賜給自己一官半職，不如就去趙國發展

吧！正在盤算這事的時候，門外突然停了一輛馬車，詢問之下才知道原來是一位自稱賈舍人的趙國商人來魏國做生意，因為馬跑累了，正在此休息。張儀趁機問他：「聽說蘇秦現在當了趙國的相國，這是真的嗎？」賈舍人上上下下打量了張儀，然後回答道：「是啊！但是你是誰呢？難道你認識我們相國嗎？」因為張儀看起來真的是一副窮酸樣。

　　張儀便將自己與蘇秦是同學的過去，以及打算到趙國發展的想法，都告訴了賈舍人。聽到張儀是蘇相國的同學，賈舍人立刻改變了態度，對張儀說：「原來先生是相國的同學。這樣的話，我剛好要回趙國去，如果您不嫌棄的話，不如搭我的車一同往趙國吧！」有免錢的車可以坐，張儀當然說好，於是兩人便同往趙國去了。

　　到了趙國首都邯鄲城外，賈舍人告訴張儀，自己還有別的事情要處理，只能送張儀到這裡，請張儀進城後找家旅店安頓，並約定過幾天之後會再來拜訪。張儀辭別了賈舍人，進城找了間客棧，就這樣住下了。第二天，張儀託人向蘇秦傳話，希望可以見見老同學一面。

　　張儀心想：「我們在鬼谷子老師那邊當了這麼久的同學，現在同學有難，蘇秦一定不會袖手旁觀。也許很快就會有浩浩蕩蕩的車隊來接我也說不定。」想著想著，張儀不由得自顧自的傻笑了起來。

　　沒有想到，一連幾天什麼消息都沒有。原來，張儀來趙國的消息，是隔了許多天才傳到蘇秦耳中，但蘇秦又以國事繁忙為由推辭，遲遲沒有召見張儀。張儀等了很多天，不禁有點失望，加

上身邊帶的錢又快花完了，想想，還是回魏國種田算了。正準備要收拾行李的時候，客棧的掌櫃卻不讓他走。

「不行不行！」掌櫃的說，「如果你現在跑了，哪天相國派人來我店裡找你找不著，我該怎麼辦？如果相國怪罪下來，我可擔待不起。」拗不過掌櫃的要求，張儀只好繼續住下來。而那位賈舍人呢？張儀本想順便探聽他的下落，但是他好像蒸發了一樣，沒有半個人認識這號人物。

又過了幾天，蘇秦終於願意召見張儀了。張儀喜出望外，特意梳洗整理了一下，當天清晨便前往相國府，等候蘇秦的召見。

張儀以為，蘇秦會念在同學之情，親自出來接他，沒想到只見一個下人來傳話，帶著他從僕人走的小門進去。張儀本想直接進去見蘇秦，卻被左右的衛士擋

了下來。他們告訴張儀，相國還在議事廳辦公，張儀只得在廳外等候。

張儀左等右等，只看到要拜見蘇秦的人絡繹不絕，一個接一個的進入府中，直到接近中午，蘇秦才下令要見張儀。張儀趕緊整理儀容，進了大廳。

張儀認為，兩人同學一場，蘇秦應該不會擺著相國的架子，至少可以跟蘇秦平起平坐吧？但是沒想到自己卻被安排到只能遠遠的看著蘇秦的地方。

蘇秦用一種帶有鄙視的語氣問道：「唷！老同學，你最近過得好嗎？」

張儀心想：「我要是過得好還會來找你嗎？」張儀氣得不肯回答。

正巧到了用餐時間，蘇秦對張儀說：「最近公事真的太忙了，讓你等這麼久，不妨跟我一同用

餐吧！」於是命令下人搬了餐桌來，讓張儀坐在地下，自己則坐在議事堂上。蘇秦面前擺了滿桌的山珍海味；但張儀的桌上只有很差的飯菜而已。

張儀本來不願接受這樣的侮辱，但是因為從早到現在都沒有吃東西，只能將就下肚了。更令張儀氣結的，蘇秦還將自己的食物分給左右的下人，他們甚至吃得比張儀還好。張儀終於忍受不了，指著蘇秦大罵說：「蘇秦！我們拜別老師的時候，他要我們互相照應，不要忘了同學的友誼。現在你飛黃騰達了，竟然不念舊情，這樣羞辱我！」

蘇秦搖著頭回答說：「唉，我本來認為，以你的才能應該早就受到各國國君的重用了，沒想到你竟然如此潦倒。如果我把你推薦給趙國，而你又沒有什麼作為，到時候趙侯怪罪於我，豈不

是會連累到我嗎？」

張儀氣憤的說：「男子漢大丈夫，哪裡需要你來推薦！」

「既然你不需要我推薦，」蘇秦繼續慢條斯理的說，「那又何需來見我呢？念在我們是同學的分上，送你一個金笏＊，當作你的路費盤纏，你自己看著辦吧！」隨即命令一個下人拿了一個金笏，準備送給張儀。

「誰要你的東西！」張儀將下人拿來的金笏丟在地下，掉頭就走。

張儀回到客棧，卻看到自己的行李被放在門口。客棧掌櫃的說：「我想您今天見過相國之後，相國一定會看在你們的同學之

放大鏡

＊笏是中國古代大臣上朝時手上拿的一塊板子，便於記錄上朝時要上奏的一些事情。一般多用木頭製成，也有用玉做成，但像蘇秦這樣以金子打造而成的，可是相當少見。可見蘇秦在當時的地位與富有的程度，一定相當不得了。

情，賞賜給您重要的官位，所以小的先幫您把行李整理出來，打算知道了您的官邸位置之後，差人幫您送去呢！」

張儀生氣的說:「可惡透了！」張儀一邊脫鞋一邊把剛剛發生的經過跟掌櫃的說了。

聽了張儀的遭遇，掌櫃的不免懷疑的說:「難道你根本不是相國的同學？莫非你是來騙吃騙喝的?」張儀抓住掌櫃的衣服，將之前他與蘇秦在鬼谷子門下求學的經過，從頭到尾說了一遍。掌櫃的半信半疑的說:「相國雖然如此待你，但至少還送你一個金笏，也算是不忘同學一場，你至少可以拿金笏來結清你住宿的開銷。」張儀一時漲紅了臉，不好意思的說:「我那時實在太生氣了，所以就把金笏丟在地上，現在已經是身無分文了。」

正說這話的時候，賈舍人突

然又出現了。他走進店裡，見到張儀便問：「很久不見先生了，不知道您見過相國了嗎？」張儀正在氣頭上，又聽到蘇秦的名字，不由得火冒三丈的罵道：「別再提這個無情無義的傢伙了！」賈舍人聽得莫名其妙，在一旁的掌櫃趕忙將事情的經過說了一遍。

賈舍人聽完事情的始末，抱歉的對張儀說：「當初是我慫恿您來趙國的，現在遭遇這樣的事情，都是我害的。不如，讓我幫您償還積欠客棧的費用，送您回魏國去，以表示我的歉意。」張儀嘆了口氣說：「唉！當初我離開魏國的時候，還大言不慚的說我和蘇秦那傢伙感情有多好，一定可以在趙國找到好工作，結果不但什麼都沒有得到，還白白被他羞辱了一頓，我現在已經沒有臉回魏國了。但是說真的，以現在的局勢看來，秦國強大，我倒是很

想去秦國發展，只是沒有足夠的旅費。」

「您要去秦國，莫非是有什麼熟人在秦國嗎?」

「熟人倒是沒有，但趙國就在秦國旁邊，如果我在秦國當了大官，就可以派兵攻打趙國，以報蘇秦羞辱我的仇!」

「既然這樣，」賈舍人說道：「正好，我要去秦國探親，不如我們就結伴同去吧!」

張儀聽到賈舍人這樣說，不由得嘆了口氣:「唉！一個素昧平生的商人，願意這樣幫助我；同窗多年的同學，竟然如此對待我。」於是張儀與賈舍人結拜為兄弟，兩人一同駕車前往秦國。

一路上賈舍人花了好多錢幫張儀訂作衣服，打點一切，到了秦國，還出錢打通秦國國君的左右大臣，希望讓張儀很快就可以被當時在位的秦惠文君召見。

　　秦惠文君聽了左右親信的推薦，馬上召見了張儀，聽了張儀對於天下大勢的一番分析，覺得張儀不愧是鬼谷子的弟子，就給了張儀一個客卿的位子，這樣，張儀總算不再是無業遊民了。正當張儀高高興興的去告訴賈舍人這個好消息時，沒想到賈舍人竟然對張儀說自己要離開了。

　　張儀訝異的說：「當我在困難的時候，靠大哥您的力量才能成為秦國的客卿，現在正是我大展鴻圖，報答大哥恩惠的時候，為何大哥要離我而去呢？」

　　賈舍人笑著說：「實不相瞞，您真正要感謝的人不是我，應該是蘇秦。」張儀被這句話搞糊塗了，於是賈舍人將事情的真相，從頭到尾告訴張儀：

　　原來，數個月以前，蘇秦受到趙侯的重用，成為趙國的相國，打算利用合縱政策，來連結

六國共同對抗秦國。但是才剛上
任沒有多久，就聽說秦國準備發
兵攻打趙國的消息。蘇秦認為，
衡量當今的情勢，只有張儀一個
人有能力說服秦國君臣打消出兵
趙國的念頭；另一方面，蘇秦也
擔心，自己現在當了相國，到處
碰壁的張儀恐怕會因為這樣，而
打算到趙國發展，如此反而會讓
張儀的才華被埋沒在趙國，於是
派遣他的門客，一個自稱為「假
設」的賈舍人，帶著張儀來到趙
國，並且故意在議事堂上激怒張
儀，使他打消留在趙國的意圖。
後來，張儀果然打算前往秦國發
展，於是蘇秦又暗中透過賈舍人
出錢資助張儀，幫他打點秦惠文
君的左右親信，使張儀能夠為秦
國所用。

　　張儀聽完賈舍人的解釋後才
恍然大悟，原來整個情勢的發展
都在蘇秦的掌握之中。張儀感嘆

的對蘇秦的門客說:「我的謀算遠遠落在蘇秦之後啊！感謝大哥您一路幫助，麻煩您回去轉告蘇相國，只要他在趙國一天，我絕對不會說出『攻打趙國』這幾個字，以報答他對我的恩惠。」於是，賈舍人辭別了張儀，回趙國向蘇秦報信去了。

　　不過話雖如此，要張儀不說「攻打趙國」這幾個字很簡單，但是，以張儀一個客卿的身分，要如何說服亟欲攻打趙國的秦惠文君以及秦相國公孫衍呢？這恐怕就不是一件容易的事情了。

2 搖身一變成相國

　　為了催促惠文君及早發兵攻趙，相國公孫衍上奏惠文君，認為要阻止蘇秦所提出的合縱政策，只有將各國一一擊破，才能保住秦國強大的局面。

　　坐在眾朝臣最前頭的公孫衍說：「現在六國合而為一，什麼事情都聽趙國的吩咐，如果我們這個時候出兵攻打趙國，看哪個國家膽敢出手援助趙國，我們就立刻去攻打這個國家，這樣一定可以收到『殺雞儆猴』的效果。」

　　聽完公孫衍的發言，秦惠文君一副極為認同的樣子，其他的朝臣為了拍相國的馬屁，也都爭先恐後的表示支持相國的想法。突然，一個陌生的聲音從後排傳了過來：「微臣認為相國的策略不妥！」

這個講話的人不是別人，正是張儀。

儘管張儀排的位置相當的後面，但是他仍然大聲的喊了出來。其他的朝臣紛紛回過頭來，看著這個新來的小伙子，有的人甚至還叫不出他的名字。

「哦？你倒是說說看，我的策略有什麼不妥？」相國公孫衍看了張儀一眼，用一種輕蔑的語氣對張儀說。

突然間成為大家注目的焦點，張儀顯得有點緊張，他吞了一口口水，心裡直懊惱剛剛是不是太多嘴了些。雖然以前在鬼谷子老師門下時，他總是搶著發言，但是，朝廷可不比山上，說錯了一句話，也許就要殺頭的。

「可是，」張儀念頭一轉，心裡想到，「蘇秦不是說過嗎？只有我才有能力扭轉這個局勢，就姑且一試吧！」張儀勇敢的繼續

說:「微……微臣以為，六……六國才剛剛締結合約而已，正是它們一頭熱的支持合縱政策的時候，所以現在不是用軍事威嚇的方法就可以分裂它們的。」張儀越講越有信心，越講也越流利了，「如果秦國攻打趙國，在趙國周圍的韓國、楚國、魏國、齊國和燕國一定會派出戰鬥力最強的部隊，到時候秦軍一定應接不暇，哪有能力對付這些軍隊呢？微臣認為，以當今的天下局勢來說，離秦國最近的是魏國，我們只要對其他各國放出消息，說我們已經拿了大筆的金錢和土地去賄賂魏王放棄合縱，一定可以使各國懷疑魏國對合縱政策的忠誠；如果我們再和離秦最遠的燕國結為親家，必能讓整個合縱政策破局。」

　　秦惠文君聽了之後，覺得張儀的計策似乎比起公孫衍來得有

道理。因此暫緩了公孫衍的行動，先派出使者到魏國，承諾要將先前從魏國占領的土地，歸還魏國；魏王想到不用花費任何的代價，就可以拿回土地，這是多麼好的一件事。因此，為了表達謝意，魏王表示要將魏國的公主許配給秦國的公子。這個消息馬上傳到了趙侯的耳中。

由於趙國在蘇秦的號召下，成為六國的領袖，趙侯也正享受於合縱之計下成為老大哥的威風當中，而秦魏聯姻不但讓合縱政策破了局，也等於是打了趙侯一巴掌。趙侯把蘇秦叫來臭罵一頓。

趙侯說：「你看看！這是怎麼回事？之前你不是跟我保證，合縱政策是萬無一失的妙計嗎？才沒幾天，魏國就倒向秦國了！你到底在搞什麼東西？」

蘇秦雖然知道這是把張儀送

到秦國之後的「副作用」，但是為了保住自己的性命和官位，便對趙侯說自己願意出使齊、燕兩國，鞏固合縱政策。

事實上，蘇秦心裡也在盤算著，自從自己倡導合縱政策以來，各國國君都對自己言聽計從，常常因此而冷落了趙侯，不免有點「功高震主」的感覺，而且，趙侯還不時的對親信發牢騷說：「到底我是老大還是蘇秦是老大啊？」可見趙侯對於自己的信任已經不像從前了，若是利用這個機會，到其他國家發展，也不失為一個好辦法。由於蘇秦當時在各國間已經是響叮噹的人物了，到了齊、燕兩國，兩國的國君紛紛給他重要的官位。最後，蘇秦就待在齊國，不回趙國了。

張儀聽到蘇秦離開趙國的消息，知道自己的計謀已經成功的離間了趙侯和蘇秦的感情，合縱

破局已經是指日可待了。於是便要秦惠文君破壞之前答應歸還魏國土地的約定。消息傳到魏國，魏王一氣之下，派了使者到秦國去質問秦惠文君為何如此不守信用。

秦國自然也不是省油的燈，立刻派遣秦國的公子和張儀率兵攻打魏國，一舉攻下了魏國的蒲陽。正當魏國還在兵荒馬亂之際，張儀突然帶著秦國的公子來見魏王。

「你還有臉來見我？」魏王不管秦軍是不是兵臨城下了，一想到被秦國耍了一頓，心中早已怒火中燒，將所有的怨氣化成對張儀的咆哮。張儀趕忙笑著賠不是說道：「大王請息怒，我正是為此事而來。其實我們國君並沒有要侵占大王領土的意思，是因為您派來的使者太不懂禮貌了，我們國君一氣之下就下令要出兵攻打

貴國，我們怎麼說也攔不住他。現在他已經冷靜多了，覺得這樣有點對不起大王，所以願意將蒲陽這塊地還給貴國，而且願意讓秦國的公子繇來貴國當人質，以作為秦國與貴國友好的象徵。」

　　所謂「人質」，其實是春秋戰國時代一種特殊的外交手法，叫做「交質」。也就是將國君的兒子送到其他國家去當作人質，以作為兩國友好與互信的表現。當兩國之間關係良好的時候，作為人質的公子，與他國國君間常能保持良好的關係；但是要是甲國國君不顧在乙國為人質的兒子死活，對乙國發動軍事行動，通常身為人質的公子就會遭到很悽慘的對待。

　　聽了張儀這一段話，魏王的語氣才和緩了下來。「秦君有這番好意，我也就不推辭了，」魏王說，「不過我們得用什麼當作謝

禮回報你們呢？」

　　順著魏王的話，張儀接著說：「大王也知道，秦國地處偏遠，最需要的莫過於是土地，如果大王可以割讓一些土地給秦國的話……」

　　「有沒有搞錯啊？」魏王打斷了張儀的話，「才說要把蒲陽還給我，現在還要我割地給秦國？」

　　「大王請聽我說完，」張儀繼續說，「秦國地處偏遠，本來就是一個積弱不振的小國家，如果能獲得魏國肥美的土地，一定可以增加秦國的國力；秦國強大了以後，再聯合貴國的大軍一起攻打其他諸侯，到時候大王您所能獲得的土地，一定遠遠大過現在割讓給秦國的土地。所以，用一點點小土地來換取天下，對大王而言，只有好處沒有壞處啊！」

　　魏王被張儀這一番話搞得都糊塗了，也忘了蒲陽原本就是魏

國的領土，不但將上郡十五個縣包括少梁這一大片土地送給秦國，還將原本要來魏國當人質的公子繇送回秦國，表示對秦國的信任。

秦惠文君看到張儀用如此妙計，不費吹灰之力就得到了大片的土地，比起現任的相國公孫衍，真是有過之而無不及。於是辭退了公孫衍，任命張儀為秦的相國。

張儀被封為相國的那一天，寫了一封信給昔日因和氏璧遺失而鞭打自己的楚相國昭陽。張儀寫道:「之前，我在你的門下為門客，我沒有偷你的和氏璧，你竟然無故鞭打羞辱我。現在我警告你，你最好是好好的守護你的城池，哪天你一不留神，我就把你的國家給偷了!」張儀寫信的事情，後來也傳到了楚王的耳中。

張儀在楚國時的楚王此時已

經過世，新任的楚王正急思廣納人才，圖謀富國強兵。他聽說張儀之前也曾經想來楚國發展，但是不知道為什麼，楚國竟然留不住張儀，反倒讓張儀變成了秦惠文君的左右手，這對秦國來說無疑是如虎添翼。現在終於知道，原來是相國昭陽的緣故。

　　楚王把昭陽叫來臭罵了一頓，質問他說：「像張儀這樣的好人才，你竟然不提拔他，作為先王的得力助手；反而還羞辱他，讓他跑去效忠秦國！」昭陽羞愧得不知道該說些什麼，只能低著頭拼命的說：「臣該死！臣該死！」對張儀而言，也算是報了他被誣陷偷璧的恥辱。

　　從張儀赴秦國發展，到他當上相國，不過短短一年的時間而已，張儀認為，唯有實行連橫政策，才能使秦國更加壯大，於是，張儀便把連橫政策，作為他

當上相國後第一件要作的事情。在取得魏國大片土地之後，為了取信於魏王，張儀便大方的把之前秦國從魏國手中取得的焦和曲沃兩個地方還給魏國，但沒過幾年，張儀又派兵攻打魏國，把魏國的陝城一一帶據為秦國所有。自此，秦國占有了黃河以西、上郡、以及黃河以東的部分土地，還有黃河南部的陝城。也就是說，以黃河作為天險屏障的有利戰略位置都被秦國掌握了，秦國的勢力也就銳不可當了。

3 站在天秤兩端的兩個人

　　再說公孫衍吧！自從張儀搶走了公孫衍的位子以後，公孫衍氣得終日借酒澆愁，最後索性離開了秦國，轉而支持與張儀對立的合縱政策，準備找機會好好報復一下張儀。而之前推行合縱政策最力的蘇秦，當他離開趙國，轉往齊國發展之後，整個合縱政策的主導人，便由公孫衍取而代之，積極的推動聯合六國對抗秦國的政策。

　　就在這種局勢下，發生了一件重要的事情，對接下來的歷史發展影響相當的深遠，那就是列國國君稱王的事情。

　　也許我們會覺得：「稱王就稱王嘛！有什麼大不了的呢？」但是在周朝，這可是一件天大的事。前面說過，周朝是以封建制度立

國的朝代，中央政府是由周天子擔任最高的領導人，所以，也只有周天子才有資格稱為「王」，其餘被分封的諸侯，只能按照他的爵位等級被稱為「公」、「侯」、「伯」、「子」或是「男」。因此，如果諸侯們自稱為「王」，就是對周天子大大的不尊敬。在周天子勢力還很強大的那個年代裡，這樣的舉動，是會引起列國的譴責與攻擊的；而這樣的局勢一直到春秋時代前期都還維持著，即便是那些威震天下的春秋霸主們，也都不敢自稱為王。直到春秋末年，換了楚國國君擔任霸主之後，才以「楚王」自居──也就是後世所稱的「楚莊王」。

　　但是，即使是楚王破壞了這個規矩，其餘各國還是不敢太過囂張的自稱為王。到了「戰國七雄」漸漸成形之後，才有魏王與

齊王兩人先後稱王的事情發生。自從張儀當了相國，秦國的領土與國力漸漸擴張，秦惠文君也在張儀的慫恿下自稱為王，也就是後世所稱的「秦惠王」。

這時，離開秦國的公孫衍到了魏國擔任魏國的大將，想以合縱政策對抗秦國。當然，有一半的原因，還是要報復搶了他相位的張儀，和辭退他的秦王。為了聯合諸國的力量，公孫衍發起了一個叫做「五國稱王」的運動。

所謂「五國」，包含了魏、韓、趙、燕，以及不在「戰國七雄」的小國——中山國。前面說過，魏國在很早之前便已經稱王了，在秦國稱王之後，魏國為了拉攏韓國，也和韓國國君互相稱王。而現在，面對秦、齊、楚三國的強大壓力，這批擠在中間的小國家，便在公孫衍的鼓動下，以互相稱王來與秦、齊、楚三國

對抗。這種行為，有點像一個小孩想要做壞事，但是害怕自己一個人去做會被大人處罰，於是，找了幾個鄰居的小孩一起去做，藉此壯壯膽。事實上，光是名字上的改變，對於當時的國際情勢並沒有帶來很大的改變，但是這種不把周天子的地位與權威放在眼裡的觀念，卻已經清楚的深植於各國國君的心中，周天子的地位已經蕩然無存了。而戰國的政局也正式進入了「合縱」與「連橫」政策抗衡的局勢。

碰到了公孫衍來攪局，張儀當然也不是省油的燈，立刻想出一個好辦法來反制公孫衍。

為了避免自己的妙計被破壞，張儀私下去見了秦王，對他說：「微臣想要辭去相國的職務。」

「為什麼呢？」秦王不解的問，「相國輔佐我之後，秦國的國力大增；現在列國紛紛聯合起

來對抗我，相國卻要離我而去，這是什麼原因呢？難道，相國也是見利忘義之人嗎？」

張儀回答說：「大王對微臣的厚愛，微臣就是到死也不敢忘記；但大王有所不知，現在列國合力抗秦都是公孫衍搞的鬼，他在魏國當了將軍，想要聯合其他六國來對付您，以報大王您辭退他的仇。但是，各國的合作，只是表面上的合作而已，其實它們之間的矛盾仍然很大。所以，微臣希望可以到魏國，若能離間魏王和公孫衍的關係，同時再用一點點的威脅和利誘，去說服魏王與大王聯合，其他諸侯見狀一定也會紛紛效法，這樣就可以破壞列國的合作關係了。」

秦王說：「可是，相國可以以特使的身分前去魏國，何必要辭去相國的職務呢？」

「大王有所不知，」張儀繼續

說，「如果微臣以秦相國的身分前去魏國，魏王一定會以為微臣是代表秦國的利益來說服他的；如果微臣以平民的身分去遊說他，他才可能願意接納微臣的意見。」

秦王覺得張儀說的很有道理，於是准許張儀辭去相國的職務，讓他前往魏國，實行他的連橫政策。由於這是張儀與秦王私下的約定，所以，在其他人看來，張儀似乎是得罪了秦王而被趕出秦國的。但是誰也不知道，一個秦王與張儀偷偷安排的大計畫，正在慢慢的實行。

由於張儀本來就是魏國人，魏王見到魏國的人才願意回國效力，哪有拒絕的道理？所以張儀一到魏國，魏王立刻重用張儀，任命他為相國。

張儀對魏王說:「魏國南面鄰近楚國，北接趙國，東有齊國，

西為韓國，根本沒有什麼山川河流作為屏障，哪天這些鄰近的國家一起來侵略大王，大王根本措手不及，不如與秦國聯合，這樣也比較安全一些。」儘管張儀雄辯滔滔，但是持相反立場的將軍公孫衍，則一直力勸魏王不要接受張儀的計謀。

正當魏王猶豫不決之際，在秦國等得不耐煩的秦王突然派大軍攻打魏國，並且大敗魏軍，占領了才還給魏國沒有多久的曲沃。原本秦王的打算是希望透過軍事上的壓力，迫使魏王向秦國靠攏，但是，這樣的作法不但沒有讓魏王決定與秦國聯合，反倒是激怒了魏王，使他更走向合縱政策的懷抱。

這件事情當然不在張儀的計畫當中，但張儀並不死心，仍舊利用機會，常常說服魏王放棄合縱，與秦結盟；而同時也在魏國

當將軍，又是張儀死對頭的公孫衍，則不斷的力勸魏王，不要聽信張儀的連橫詭計，應該以合縱為保全大局的最好辦法。所以，張儀和公孫衍，就好像天秤的兩邊，你一言，我一句的，左右著魏國的政局。

可是，難道魏王真的不知道這兩個人是死對頭嗎？魏王當然知道，不過，魏王認為，合縱與連橫政策的大師都在魏國當自己的大臣，一方面可以消除秦國與其他五國對自己的疑慮，兩邊都不得罪；再則，張儀和公孫衍互相牽制，也不至於讓自己被任何一方牽著鼻子走；最後，也是最重要的，在連橫與合縱之間，魏王更可以趁機坐收漁翁之利，哪邊有利，就往那個政策靠近一點，真是再聰明也不過了。

過了幾年，老魏王死了，新繼位的魏王卻沒有那麼深謀遠

慮，這一點，張儀也發現了。

一開始的時候，魏王和老魏王一樣，不肯接受張儀的建議，但是張儀知道，新魏王畢竟才剛即位沒有多久，整個魏國政局都還沒有穩定下來，如果趁著這個機會對魏王施加壓力，也許就可以實現自己的計畫了。

於是，張儀偷偷的派出使者到秦國傳達訊息，要求秦王發兵攻打魏國。弱小的魏國哪裡是秦國的對手？當然是大敗收場。

正當魏軍大敗於秦國之際，齊國也不甘寂寞的趁機出兵攻打魏國。就在魏國被兩面夾攻的時候，又傳出秦軍打算出兵再攻魏國的消息，而且，秦軍的前鋒部隊已經先打敗了阻擋在秦魏兩國之間的韓國大軍，殺了八萬軍民。

這場戰役，不只是對魏王，就是對列國而言，都是一件令人

震驚恐懼的事情，張儀見時機成熟，便藉此再度對魏王施壓。

張儀說：「魏國不過是個千里大的小國，軍隊不超過三十萬，又沒有什麼屏障可言，不論是南邊的楚國，或是東邊的齊國、北邊的趙國、西邊的韓國，只要稍微對它們任何一國不好，就會遭到它們的侵略。微臣認為，不如請大王對秦王表示友好，以秦國現在的國力，我想其他國家一定不敢對魏國動武；沒有其他國家侵略的壓力，大王就可以高枕無憂了！」

張儀的說詞和數年前對老魏王說的其實大同小異，但此時國際局勢已經與數年前大不相同。年輕的魏王聽了張儀的說詞，覺得也蠻有道理的。於是，背棄了和列國訂定多年的合縱約定，轉而對秦國表示效忠。

魏國對秦示好，身為魏國將

軍的公孫衍，當然不能讓張儀如此囂張，因此，公孫衍分派使者，把秦國和魏國聯合之後對其他國家的威脅，向齊、楚、燕、趙、韓等幾個大國的國君遊說，各國國君對公孫衍的看法也深表同感，於是便開始轉而支持公孫衍的「合縱政策」；同時，這些大國開始對魏國施壓，要求魏王撤換張儀，改讓公孫衍擔任相國。

　　面對各國的施壓，魏王似乎又有妥協的傾向。看到魏王的舉棋不定，張儀便藉故離開魏國，而公孫衍也在張儀離開魏國之後，在各國的支持下，成為魏國的相國。

　　儘管張儀此次前往魏國，看似並沒有達成當初的目標，但是他卻成功的讓列國間充滿了互不信任的氣氛，這樣的情況，在後來的幾場列國聯合攻打秦國的戰

　　爭中，變得更為明顯。合縱與連
橫政策的成敗，似乎已經可以看
出一點點的頭緒囉！

4 楚王，
向您借點錢！

　　張儀離開魏國之後去了哪裡呢？其實他並沒有直接回秦國，反倒是先到楚國去了一趟，以便於說服楚王加入連橫的行列。而這次的過境楚國，讓我們再次見識到張儀的聰明與能言善道的本領。

　　張儀到了楚國，待了蠻長的一段時間，但是楚王一直不肯召見他，以至於張儀帶的旅費也用得差不多了。有一些跟著張儀來到楚國的隨從，見張儀堂堂一個擔任過兩大國家相國的人，竟然在楚國淪落到這樣的地步，便打算離開張儀，自己回秦國去了。

　　張儀對他們說：「我想，你們這些人一定是因為看我都沒了錢，所以才想要回秦國去吧？別擔心，我這就去叫楚王把錢掏出

來，讓你們花花。」話說完，張儀便大搖大擺的往楚王的王宮去了，只留下一群目瞪口呆的隨從，不知道該說些什麼。

張儀和楚王的關係是有點微妙的。儘管楚王曾經為張儀到秦國發展而感到有些遺憾，但是當張儀在魏國當相國的時候，老是趁機破壞六國的關係，因此張儀此次到訪，楚王便對他有一點戒心，所以才不願意接見他，以至於張儀才會用盡了盤纏，也沒有聽說楚王打算派人接濟這位離職的相國。

「你來找我有什麼事情啊？」楚王不耐煩的說。

「微臣來到貴國已經好長一段時間了，可是大王都不肯召見微臣，這樣微臣若是沒有向大王您請安就離開，微臣會很過意不去的。」

「好啦！現在見到我啦，你

應該好過些了吧？」楚王還是很不客氣的要趕張儀走。

「既然大王認為與微臣沒有什麼好談的，那麼微臣打算往北邊去拜訪三晉＊的君王。」

「你去就去，何必向我報告呢？既然你有所打算，那我就不送了！」楚王於是命令左右，準備將張儀趕出王宮。

「大王且慢！」張儀說，「微臣想請問大王，要不要讓微臣回程的時候經過貴國，幫您帶一點三晉的特產來孝敬大王呢？」

「哼！三晉哪有什麼好東西？」楚王一副瞧不起人的態度說：「本大王的土地上要黃金有黃金，要珍珠有珍珠，要象牙有象

放大鏡

＊三晉　就是指韓、趙、魏這三個國家。春秋末年，晉國的大權落在幾位大臣們的手中，最後由韓、趙、魏三個氏族將晉國瓜分了，這件事情，歷史上稱為「三家分晉」，而後世也以「三晉」來稱呼韓、趙、魏這三個國家。

牙，要寶物有寶物。像三晉這些小國家，哪有什麼東西比得上我藏寶庫裡的珍寶呢？」

張儀回答道：「微臣走過許多國家，知道大王的領土上物產豐隆，當然不缺什麼。但微臣來到楚國這些日子，發現貴國少了一樣東西，是三晉有而楚國沒有的喔！」

「喔？你倒是說說看啊？」楚王不相信的說。

張儀很有把握的說：「美女，楚國缺少的就是美女！」

「怎麼會沒有美女呢？我的愛妻南后，愛妾鄭袖，難道你沒有見過嗎？她們可都是數一數二的大美人兒啊！」

「大王的兩位夫人微臣沒有見過，但是微臣知道，三晉一帶的女子，她們的臉像粉一樣白，頭髮像墨一樣黑。站在街上，如果不知道的人見到了，都以為是

天女下凡呢！大王……難道不心動嗎？」張儀故意拖慢了講話的速度，還挑起了眉毛，好似摸透了楚王的心事一樣。

「真的嗎？聽你這麼說，我倒想見識見識你說的美女。」雖然好色的楚王臉上裝得一副不為所動的樣子，但是心裡卻早已是小鹿亂撞了。於是楚王給了張儀許多的珍珠和美玉，要張儀回程的時候，幫自己挑選一些美女好納為妃子。

張儀拿了楚王的金銀財寶之後，便利用機會，把楚王要張儀到三晉尋美女的消息，傳到王后和妃子鄭袖的耳中。王后和鄭袖平常就已經為了爭寵而時有心結，現在聽說還有三晉的美女要來攪局，怎麼能容許這樣的事情發生呢？特別是鄭袖，雖然她是位才貌出眾的美女，但是卻也是有名的醋罈子。對於那些想要接

近楚王的嬪妃，沒有不設法陷害欺壓的。所以，王后和鄭袖分別透過親信，拿了大筆的金錢，說是要給張儀當作路費，但事實上，她們也囑咐了親信，明確的暗示了張儀不要幫楚王帶任何的女子回來。

就在張儀要離開楚國的那一天，特地去拜見楚王，向楚王辭別。楚王心裡想的，只有三晉的美女，根本無心聽張儀說些什麼。

張儀對楚王說：「大王，微臣就要出發了，出發以前，微臣斗膽請大王能賞賜微臣一杯小酒，作為餞別之禮。」

「好！」楚王只想趕快送張儀上路，馬上命令僕婢給張儀準備酒菜。

酒過三巡，菜過五味，楚王見張儀好像沒有要離開的意思，便問張儀說：「先生打算何時起行

啊？」

張儀回答說：「啟稟大王，現在反正沒有外人，微臣斗膽請大王召您最寵幸的人來與您一同飲酒，喝完，微臣馬上起行。」

聽到這句話，楚王立刻下令召見王后與鄭袖，盼望這樣可以趕快催促張儀出發。沒想到，當王后與鄭袖一踏進門，張儀趕忙跪著對楚王說：「微臣請大王赦罪！」

楚王被張儀這番突如其來的舉動弄糊塗了，趕忙問張儀這是怎麼回事？

張儀跪在地上說：「微臣走遍天下，見過無數的美女，卻從來沒有見過像王后與鄭夫人這樣的美女。微臣竟然還向大王口出狂言，要幫大王去三晉找尋美女，沒想到真正的美女就在大王您的身邊啊！請大王饒恕微臣的罪過。」說完連磕了好幾個響頭。

　　王后對大王說:「大王，張儀所說的都是實話嗎?」

　　「唉呀！王后你不要聽張儀亂說，他說的全是謊話！」沒想到楚王在大臣面前威風得很，碰上王后卻像個做錯事的小孩。

　　「什麼?」王后繼續說，「張儀剛剛說我是世間少有的美女，大王也認為是謊話嗎?」

　　「不不不……，」楚王連忙否認，「張儀說的是真的，是真的！」

　　「這麼說……，」鄭袖在旁答腔道:「大王真的要去三晉找美女來取代我囉?」

　　「沒……沒有！」楚王再否認，「我的意思是，張儀說兩位是世間少有的美女，這是真的；但是說我要去三晉找美女，這是假的。」

　　「可是……，」鄭袖繼續說，「我聽說大王已經賞賜給張儀好

多的珠寶和美玉，為的不就是要把美女帶回楚國來嗎？」

「不是不是，」楚王又否認了，「我純粹只是擔心張儀回去秦國的路上沒了路費，好歹他也曾是秦國的相國，怎麼能讓他餓肚子呢？所以我給了他一點路費，也當作是給秦王的一份人情嘛！」

聽到楚王這樣說，張儀很高興的大聲說：「謝大王恩典！微臣這就告退了！」說完頭也不回的走了，留下在寶座上一愣一愣的楚王，和兩位鬆了一口氣的后妃。

張儀帶著大筆的財寶回到住所，對著隨從們說：「拿去吧！這是楚王給你們的零用錢，要多少就拿去用吧！」他們都被這批金銀財寶嚇傻了眼，不由得對他們的主人張儀更加佩服得五體投地了。

5 合縱政策的大失敗

　　讓我們回頭再看看張儀離開魏國之後的局勢。

　　與張儀號稱死對頭的公孫衍在東方諸國的支持下出任魏國的相國，為了報復自己被張儀奪去秦相國之位的怨恨，公孫衍便聯絡各國，成功的發動了「五國伐秦」之役。

　　所謂五國，包括了魏、趙、韓、燕、楚等五國。原本公孫衍還說服了齊國前來助陣，但是，就像前面說過的，各國彼此之間，是互相不信任的，因此，最後真正出兵攻秦的，只有趙、魏、韓三國而已。就連名義上作為發起人的楚國，竟然都採取觀望的態度。

　　至於齊國呢？齊王在列國發兵之前，先召集了大臣們問問大

家對於加入五國伐秦的意見。有的大臣認為，齊王和秦王彼此之間是外甥與舅舅的關係，而且，秦、齊兩國本來也沒有什麼嫌隙，何必因為其他五國的軍事行動，破壞兩國的關係呢？因此很多大臣都反對加入五國的行列；但是當時人在齊國的蘇秦，為了支持他所倡導的合縱政策，自然大力遊說齊王伐秦的好處。但是，同為齊王謀臣的孟嘗君卻提出了第三種意見。孟嘗君說：

「無論要不要派兵攻打秦國，其實都不是件好事兒。」

「此話怎講呢？」齊王詫異的說。

「大王若是攻打秦國，響應魏國的號召，這樣就會和秦國結下梁子；但是，若是大王不發兵攻打秦國，一定也會得罪其他五國，到時候搞不好它們不打秦國轉而攻打我們，就真的得不償失

了。」

「那麼這該怎麼辦呢？」

「微臣看來，不如我們還是派兵前往，但是讓軍隊慢慢前進，這樣一方面不得罪五國，另一方面我們也可以觀望一下，若是五國戰事順利，我們再加入戰局，也許可以分到一些利益；若是五國打得灰頭土臉，我們也可以早早撤退，不至於和秦國之間有什麼不愉快。」齊王聽了這番話，覺得孟嘗君的想法很有道理，便派他率領兩萬大軍跟著五國聯軍慢慢前進。一路上，孟嘗君告訴五國聯軍的將領，自己突然身患重病，必須等到痊癒之後才能加入戰局。

五國伐秦只出三個國家的兵力，最後的結果是被秦國的大將樗里疾打得落花流水。齊王對於孟嘗君的計謀佩服不已；反觀在戰前極力主張加入戰局的蘇秦，

齊王便開始慢慢的不那麼相信他了。

　　自從蘇秦到了齊國之後，很多齊國的官員對這個「趙國來的相國」就不大滿意了，加上齊王對蘇秦的禮遇和重用，讓很多原本齊王的朝臣都覺得很不是滋味，紛紛想要找機會排擠他。剛好，蘇秦對於國際局勢的誤判，讓他和齊王之間有了誤解，朝中的許多大臣便開始計算怎麼除掉蘇秦了。

　　過了幾天，當蘇秦正準備上朝的時候，一個陌生人迎面而來，還沒有等蘇秦反應過來，這個陌生人突然抽出匕首，刺進蘇秦的肚子裡，蘇秦身受重傷，沒有多久就死了。

　　蘇秦遇刺身亡的消息傳到張儀耳中，張儀感嘆道:「蘇秦啊蘇秦，當初要是沒有你的深謀遠慮，我可能一輩子也不能當上秦

國的相國。你在趙國叱吒風雲這麼多年，要不是你在燕齊兩國內反反覆覆，也就不會落得今天這個下場。當初老師為我們占卜吉凶，說你是先吉後凶，現在真的應驗了！如今你已經不在人世，是我好好使用我的舌頭，大有作為的時候了！」

五國伐秦之役最後以敗戰收場，一代合縱名家蘇秦也因此被殺身亡，但是反而造就了張儀與公孫衍兩人的名聲。在列國之中，張儀和公孫衍兩人一橫一縱，聲勢都足以讓天下震動，所以當時的人說，要是張儀和公孫衍兩個人稍微發個脾氣，諸侯們都會感到萬分恐懼；要是他們願意安居在家，不過問天下大事，各國間的紛亂就可以立刻止息了。可見，他們兩人對於時局的影響是多麼的重大啊！

6

小國的無奈

　　張儀回到秦國之後，秦王立刻恢復了他的相國職位，在他成功阻擋五國伐秦之後，張儀在秦王心中的地位，自然是越來越重要了。而其他各國之間，由於彼此的新仇舊恨，互相侵略的行為變得更為明顯，儘管它們有時以合縱自居，但暗地裡與秦國的連橫卻也不曾斷過。正好此時燕國發生了內亂，因為燕國的諸侯們反對燕王噲將王位讓給燕國的相國子之，於是燕國的諸侯們起兵圍攻燕國的首都。而與燕國為鄰的齊國，當然沒有放棄這個大好機會，立刻趁亂派兵攻打燕國。

　　一開始，痛恨子之的燕國人民非常歡迎齊軍的到來，甚至帶著食物和美酒來迎接齊國的軍隊。因此齊軍沒有受到太大的攔

阻，長驅直入，勢如破竹，一下子就打到了燕國國都，燕王噲見大勢已去，以自殺了斷性命，子之被齊軍處以極刑。但是，由於齊軍過於殘暴，造成燕國民眾的不滿，紛紛起來反抗齊軍，最後齊國不得不將大軍撤出燕國。

　　當齊國攻破燕國之時，其餘各國也紛紛希望可以從中分到一些好處。有的國家趁機攻打燕國，想趁亂侵略燕國的土地，中山國就是一個很好的例子，中山王利用燕國內亂，派相國率兵攻燕，獲得大勝，也占領了許多燕國的城池。

　　另一種國家，則以「行俠仗義」為理由，想要以攻打齊國、拯救燕國的名義，藉機擴張領土，表面上是要「伐齊存燕」，但是事實上還是為了自己。楚國就是這樣子的國家，為了避免勢單力薄，楚王想找魏國一起出

兵，並且答應要給魏國六座城作為報酬。魏王對此當然是心動的，但是對於張儀來說，楚、魏兩國的結合，就好像一座城牆一樣，擋在秦國與東方諸國之間，因此，張儀便出使魏國前去說服魏王。

張儀的來訪，對魏王而言是百感交集的。當初魏王在多國的壓力下，任命公孫衍為相國，取代了張儀，魏王的心裡總是有些過意不去。因此對於這次張儀來訪，魏王很友善的接待了他。張儀開門見山的對魏王說：

「大王覺得您真的拿得到這六座城嗎？」

「為什麼不能呢？楚王可是很有誠意的說，要以這六座城池當作我出兵齊國的報酬啊！」

「那麼，」張儀繼續說，「楚王有派人來跟大王您談劃定地界的事情嗎？」在古代，由於沒有很

好的地理測量工具，所以要割讓土地城池，都必須先派代表進行國界的劃分。

「這……，」魏王有些猶豫，「沒有是沒有，但是現在兩國都正準備出兵，哪裡有時間談這個呢？」

「大王難道不會害怕您出兵了以後，楚王不把這六座城給您嗎？」

「楚王是個守信的國君，我相信他不會騙我的。」魏王斬釘截鐵的說。

「守信？哼！」張儀冷笑了一下，「大王難道忘了前不久五國聯合攻打敝國的事情嗎？當時統領五國大軍的不正是楚王嗎？結果他有沒有派出一兵一卒來呢？最後還不是只有大王和趙、韓兩國出兵而已。當大王的軍隊困在函谷關，向楚國求救的時候，楚王有對大王伸出援手嗎？」

　　魏王一聽，心裡想：「對啊！我怎麼忘了這件事情？」不免對楚王的保證產生了懷疑。

　　張儀繼續說：「後來大王明智的決定要與敝國講和，派了使者去楚國請示，楚國自己也想求和，但是怕落在大王之後，讓秦國以為大王主和，楚國主戰。還把使者騙回了魏國，這些事情，難道大王都忘了嗎？」

　　聽了張儀講的這些過去種種不愉快的經歷，魏王更擔心了。

　　張儀又說：「現在大王與楚國聯合出兵，齊國一定會迫於壓力而將燕國的土地還給燕國人民，希望藉此表示對楚國的屈服，這樣楚國就沒有出兵的理由了；沒有出兵的理由，也就沒有楚魏聯兵『伐齊存燕』的行動；沒有楚魏聯兵，又哪來的六座城池呢？

　　「微臣替您擔心的是，不但大王沒有在這場軍事行動當中獲

利，反倒因此得罪了齊國。而且，我們大王對楚王率領五國伐秦一事，至今還是耿耿於懷。如果大王又與楚國聯合，難保我們大王不會因此而遷怒於您啊！」

魏王左思右想，遲遲下不了決定。正在猶疑的時候，突然魏國的南部傳來消息，在魏國南方的韓國，因為饑荒的緣故，宣布要向韓魏兩國交界處的河外地方收取糧食。魏王聽到這個消息，開始緊張了起來。

不過只是收取糧食而已，魏王有什麼好緊張的呢？這得從韓魏兩國的地理位置說起。

由於韓魏兩國以河為界，魏在河北，韓在河南。河的北邊稱為河內，河的南邊稱為河外。而韓王一直以來都想要跨越這條河，侵占魏國最南邊的南陽之地，也就是河內地區。所以，當韓王打算往河外靠近的時候，魏

王不能不有所警覺。因此，魏王又找了張儀來，想問張儀有沒有什麼辦法。

張儀說:「大王知道韓國為什麼遲遲不敢跨過界河奪取南陽嗎?」

魏王搖搖頭。張儀說:「那是因為韓王以為魏秦兩國的關係密切，怕自己渡了河，反倒被秦國從背後併吞掉更多土地。」張儀放大了聲音繼續說，「現在，大王如果和楚國合作，韓國馬上就知道秦魏之間必定決裂，如果我是韓王，我一定馬上和秦王結盟，然後過河占領大王您的南陽之地。」

聽到張儀這樣說，魏王立刻放棄了與楚國聯合攻齊的計畫。當然，韓國逼近河外的事情，也是張儀和韓國的相國公仲串通的，為的當然是向魏王施壓了。

張儀見自己的計策達成，便

高興的回去向秦王報告成果。哪裡知道張儀的前腳剛走，秦國大軍馬上就出現在魏國的邊境。這是怎麼一回事呢？因為面對齊燕兩國之間的混戰，秦國當然不會放棄這個大好機會，不過秦國卻沒有加入攻齊還是伐燕的選擇題中，反倒是趁機攻打魏、韓兩國，這一招，當然也在張儀的籌劃當中。

秦軍先後在曲沃和岸門這兩個地方大敗魏、韓的軍隊，迫使兩國對秦屈服。魏王不但沒有從齊國分到一杯羹，反倒丟了大塊的土地，當然氣得七竅生煙，但是，以魏國現在的實力，根本沒有辦法獨自與秦國抗衡；而在楚魏聯軍破局之後，楚國對魏當然也是懷恨在心，所以對魏王來說，現在似乎只有和秦國聯合這一條路可以走了，這不但是魏國的困境，也是其他小國的無奈，

　　所以，從此以後，韓、魏兩國被
迫投入秦國的懷抱。有了這兩個
國家當作大門，秦國對其他國家
的威脅就越來越大了。

7 再度奏效的「美人計」

　　為了不讓秦國永遠當霸主，齊國邀了楚國結成同盟國，於是，國際間的關係便成為秦與齊楚兩股力量的對立局面。而有了楚國作為後盾，齊王馬上驕傲了起來，認為假如秦國想攻打自己，一定得先突破楚國的防線，到時候齊國只要趁秦軍與楚軍交戰而元氣大傷之際，出兵反擊，以齊國的國力，打勝仗應該不是什麼大問題。為了壓制齊國囂張的態度，秦王找了張儀來問問他有沒有什麼好計策。

　　張儀歪著頭想了一想，回答說：「齊國跟楚國之間有姻親的關係，如果大王貿然出兵攻打齊國，楚國一定會出面干預的。不如……先讓微臣去拜見楚王，讓我說服楚王放棄跟齊國的結盟關

係，這樣齊國就會陷於孤立無援的地步，到時候大王要怎樣對付齊國都可以了！」秦王聽了張儀的計策，覺得不失為一個好辦法，於是便派遣張儀前往楚國，遊說楚王去了。

出發之前，張儀先派人打聽楚王身邊有沒有哪一位大臣對楚王的影響力最大，而且這個人又是可以用金錢打通收買的。消息傳回秦國，發現楚王身旁有一個大臣叫做靳尚，楚王對他的話總是言聽計從。於是，張儀便託人用大筆的金銀財寶，買通了靳尚。

當然，以張儀的名聲，要獲得楚王的召見並不難，何況以秦相國的頭銜，楚王哪有不召見的理由呢？張儀之所以要先賄賂靳尚，目的當然還是要讓靳尚可以支持自己的計謀，讓楚王可以放棄與齊國的同盟關係。除此之

外，還有一個原因，就是楚王身邊有一位大臣讓張儀放心不下，這個人就是我們大家熟悉的愛國詩人——屈原。

屈原又叫做屈平，在楚國擔任楚王的「左徒」*。由於屈原無論對內與楚王討論國事，或是對外與諸侯同盟立約，都表現得可圈可點，所以，楚王對他非常的信任，也因此，屈原便成為張儀這次離間齊楚兩國的最大障礙了。正好，此時屈原受楚王之命，出使齊國，以鞏固兩國邦誼。於是張儀便抓住了這個機會，利用靳尚這條管道，買通了許多楚王身旁的大臣，藉機挑撥楚王與屈原之間的關係。一開

放大鏡

＊左徒　所謂左徒，就是在君王左右輔佐的大臣，特別是當君王做錯事情的時候，他們就必須勇敢的對國君們提出建議、規勸，甚至是批評。當然，這種工作總是吃力不討好的，因為當國王的人，往往都聽不進去別人對自己的批評，所以我們常說：「忠言逆耳」，就是這個意思。屈原，就是一位盡忠職守的左徒。

始，楚王當然是站在屈原這一邊，對於其他大臣對屈原的批評，都當作是他們嫉妒屈原而已。但是，日子久了，加上屈原在齊國遲遲沒有回來，漸漸的，楚王對屈原的信任感就開始有些動搖。張儀見時機成熟，便率領了好大一群外交使節，浩浩蕩蕩的往楚國去了。

張儀到了楚國沒多久，便獲得楚王的召見。楚王沒有忘記前不久才和張儀有過短暫的交手，因此小心翼翼的說：「先生這次到我國來，不知又有什麼指教呢？」

「我今天來，是想要跟大王作一個穩賺不賠的買賣。」

「哦？真的嗎？」楚王說，「怎麼個穩賺不賠法？先生倒是說說看吧！」

「只要大王願意放棄跟齊國的同盟，與我國建立合作的關係，對楚國來說，就是一場穩賺

不賠的交易。」

「我何嘗不想跟貴國維持良好的關係呢？可是貴國總是對我國發動戰爭，就算我想與貴國有進一步的同盟關係，我的文武百官也不會同意的。」

「大王有所不知，」張儀繼續說，「以現在天下大勢而論，最強的就是貴國和齊國與我國了，我國如果願意跟齊國結盟，齊國自然會變得強大；我國如果站在楚國這一邊，楚國自然也會變得強大。依我們大王的意思，比較希望跟貴國建立良好的關係。因為我們大王不喜歡齊王那種趁別國內亂時還出兵攻打的小人行徑，還是比較敬佩大王您正義凜然的王者風範。要是大王您願意跟齊國絕交的話……」

「然後呢？」楚王被張儀這些拍馬屁的話捧得飄飄然了，便趕忙問張儀，如果與齊國絕交，可

以從秦國獲得什麼好處。

「如果大王您願意跟齊國絕交，」張儀重新把條件說了一次，「那麼，我們大王便願意把之前商鞅從貴國取得的商於這塊六百里的土地，雙手奉還給大王，而且……」

「快說！」楚王被張儀吊足了胃口，催促著張儀趕快說完。

「而且，還願意把秦國最美的公主嫁給您，讓我們兩國成為兄弟之邦，共同對抗其他各國，同享天下的榮華富貴，不知大王以為如何？」

聽到既能收回土地，又能得到美女，楚王心中真是樂歪了！根本把張儀之前騙走他大筆金銀財寶的事情，忘得一乾二淨。楚王高興的說：「既然秦王肯歸還我楚國的土地，我為什麼要跟齊國繼續往來呢？」楚國的大臣們也好像被張儀催眠了一樣，紛紛表示

支持張儀的建議。不過，有一位大臣並不這麼認為，他的名字叫做陳軫。

陳軫說：「大王以為張儀說的是件值得慶幸的事嗎？」

「當然了，秦國願意把土地還給我們，還要與我結為親家，讓兩國同享榮華富貴。難道不是一件值得慶幸的事嗎？」

「大王以為張儀的話可以信嗎？」

楚王笑著說：「為什麼不能相信呢？」

「秦國之所以想要來跟大王談合作，其實是因為齊楚同盟對秦國造成了威脅。」陳軫繼續說，「如今大王要是跟齊國斷交，反而會讓楚國陷於孤立無援的狀況。到時候，秦國哪裡會在乎大王呢？不要說是六百里土地了，就是六里的土地，我看秦王都不會願意還給大王的。這一切都是

張儀的詭計，大王萬萬不能相信啊！

「再說，一旦大王跟齊國絕交，要是秦國真的騙了大王，到時候不但拿不到土地，反倒跟齊王結怨，最後若是齊王與秦王合作來攻打大王，張儀的計謀，豈不是陷害大王成為亡國之君嗎？」

聽到陳軫這麼一說，楚王倒是有了一點顧忌。

看來除了屈原，還有陳軫讓張儀踢到鐵板了。張儀看出楚王的心意開始有些動搖，趕忙對拿了張儀大把銀子的靳尚使眼色，靳尚馬上對楚王說:「大王不要聽陳軫亂說，如果大王不肯先與齊國斷絕往來，怎麼能對秦國表示我們的善意呢？齊國不斷，土地不來，土地不來，美女也不會來了，請大王三思啊！」

聽到了土地和美女，楚王好像被催眠似的對群臣說:「我相信

張儀絕不會說謊，為了對秦王表示我們的善意，我立刻派使者到齊國宣布斷交。陳軫，你就乖乖的閉嘴，等著看我去接收我們的失土吧！」

於是，楚王賞賜了張儀許多金銀珠寶，並且下令國土北方邊防的將領，禁止齊國的使節入關，正式宣布與齊國斷交。並且派遣一位將軍陪張儀回秦國，好安排國土接收的事情。

就在張儀快要到達秦國的時候，不知道發生了什麼事情，張儀突然從車上摔了下來，陪同張儀回秦的楚國將軍趕忙前去攙扶張儀，張儀一副痛苦的樣子，看來傷得不輕。到了秦國，張儀就以養傷為理由，閉門不出，也不上朝。

一拖就是三個月的時間過去了。

「算算日子，張儀應該早就

到秦國了，」楚王有點心急的說，「怎麼都沒有消息傳來，要我派使者去接收土地呢？」

陳軫被楚王下了封口令，儘管知道楚王上了張儀的當，但是卻不能多言。反倒是寵臣靳尚在楚王身旁一直為張儀說好話，不是說秦王正在籌備交接土地的典禮啦，就是說秦國正在挑選最美的公主來和親。讓楚王聽得暈頭轉向的，根本失去了判斷的能力。

張儀真的受傷到不能上朝嗎？當然不是。聰明的人都看得出來，張儀摔車受傷根本是一場預先排好的戲。跟著張儀回秦國的將軍，左等右等，都沒有見到張儀上朝，也沒有聽說秦國有什麼要歸還土地或是籌備婚禮的動作。於是他上書秦王，想問問是否有什麼事情耽擱了？

秦王倒是很禮貌的回覆他：

「張儀要是真的答應了楚王，我當然會替他實踐這個諾言。但是聽說楚國和齊國並沒有真正的斷交，還是持續有往來，所以還是等張儀傷好了，我當面問問他，再做決定吧！」其實這回覆的說詞，也是張儀之前就與秦王演練過的。

消息傳到楚王耳中，楚王不免又憂心了起來。寵臣靳尚繼續進言說：「秦王一定是覺得大王您跟齊國之間斷交得不夠徹底，因而有所遲疑吧！」楚王為了獲得美女和土地，馬上派遣了幾個人高馬大、聲音宏亮的勇士到齊國的邊境，朝向齊國大聲辱罵齊王。

齊王早就聽說秦楚之間「祕密外交」的傳聞，原本還寄望楚王可以遵守承諾，維繫齊楚之間的邦誼，結果沒有想到楚王竟然為了土地和美女，將之前的約定拋諸腦後，氣得齊王暴跳如雷，

立刻派出使節到秦國，準備與秦國聯合發兵攻打楚國。

張儀聽到齊國派使者到秦國來，相約發兵攻打楚國的消息，可見自己離間齊楚的計謀已經達成了，於是開始上朝了。那位自楚國來的將軍聽到張儀傷後初癒，便趕緊前往拜見張儀。張儀故意裝作很訝異的樣子，說：「將軍怎麼還在這裡呢？我以為您已經拿了土地，回去向楚王報告了呢！」

「相國有所不知，秦王說必須等到相國您上朝之後，再跟您確認歸還土地的事情。現在相國的傷已經痊癒，是不是可以請您早早向秦王報告，確定秦楚的地界後，我也好回去覆命。」

「這件事情何必還要勞駕秦王呢？」張儀說，「我之前向楚王說的，不過就是將自己的六里封地獻給楚王而已，這種小事，秦

王才不會管呢！」

「不對吧？」將軍詫異的說，「我記得我們大王說，是商於這六百里的地，怎麼到了秦國就變成相國的六里地呢？」

「怎麼可能？是不是楚王聽錯了？秦國的每一寸土地都是秦國的將士用鮮血換來的，怎麼可能輕易就給人呢？別說六百里，就是一寸都不可能。將軍要不要回去跟楚王確認一下，這當中一定有什麼誤會。」

楚將軍慌慌張張的回到楚國，向楚王報告這件事情。楚王大怒：「可惡的張儀，竟然敢欺騙我，讓我變成全天下人的笑柄，這個恥辱我非報不可！」於是下令發兵，準備攻打秦國，不但發誓要奪回楚國的失土，還要殺了張儀洩恨！

這時，陳軫說話了。

「啟稟大王，微臣現在可以

說話了嗎?」

楚王說:「當然可以,之前我不肯聽愛卿的話,結果被張儀這個小賊給騙了,不知道愛卿現在有什麼妙計,可以幫助我扳回顏面?」

「楚國現在已經沒有齊國作為盟友了,而且聽說齊國現在打算跟秦國聯手出兵攻打我們。如果大王獨自攻打秦國,恐怕很難打贏。以微臣之見,不如請大王割讓兩座城池給秦國,以賄賂秦國與大王一同出兵攻打齊國,這樣看來也許失去兩座城,但是說不定可以從齊國奪取的領土內補償回來。」

楚王搖搖頭說:「可是欺騙我的是秦國,不是齊國。如果我和秦國聯手攻打齊國,不是更讓天下人笑話嗎?」

楚王最終還是沒有接受陳軫的建議,派大將屈匃率軍攻打秦

國。由於秦國已經獲得齊國的援助，正好以逸待勞，大敗楚軍。到了這個局面，楚王只好派出使者去向齊國賠罪，並且答應割讓兩座城給秦國。

自從韓魏兩國投向秦國的懷抱以後，秦、楚兩大集團已經成為戰國末期的主要勢力，儘管還有其他小國遊走於兩國之間，但最終還是以秦楚兩國的對抗，成為歷史發展的主軸。但是在張儀用計欺騙楚王之後，引發了楚國吃力不討好的伐秦之役，最後楚國以敗戰收場，對於楚國的國力與國際地位而言，影響是相當大的。而秦國在這次的戰役之後，聲威大振，早已不把楚國放在眼裡了。

秦王對來講和的楚國使者說：「要我們罷兵，可以；楚王那麼想要商於這塊地，也可以。你回去告訴楚王，只要他願意把黔

中這塊地割讓給我，我不但立刻下令收兵，同時還把商於之地奉還給楚王。」楚王聽到這個條件，立刻派人傳話給秦王說：「要黔中之地可以，只要秦王願意拿張儀的人頭來換，商於之地，我們不要也行。」

可見，楚王真的是恨張儀入骨啊！但是話說回來，秦王為什麼不惜以商於之地來換取黔中之地呢？秦王真的會拿張儀的人頭去換地嗎？究竟張儀能不能平安逃過這場災難呢？在張儀的腦子裡，其實也在盤算著同樣的問題。

死裡逃生

　　黔中之地對秦國來說，真的有這麼重要嗎？這個問題得從秦與巴蜀地區的關係說起。秦國的地理位置本來就在中國西方的邊陲地帶，無論就戰略位置或是土地肥沃的程度來說，都是相當不理想的；而位在秦國西南的巴蜀一帶，卻有著廣大而肥沃的土地。巴蜀一帶自古以來就是屬於中國王朝的邊緣地區，他們擁有自己的君王，過著自己的生活，有的時候他們會對中國王朝進貢一些物品，有的時候發動一些戰爭，有的時候也作一些買賣。而前面說到的黔中之地，就是在蜀國與楚國中間的一塊區域，如果秦國獲得了黔中，又能與蜀國連成一線，就像一隻大手，將六國握在手心裡。因此，黔中之地，

一直是秦王所覬覦的。而要得到黔中，自然得先把蜀國拿到手才行。

秦國與蜀國相鄰，歷任的秦王自然也希望將這塊肥沃之地變成自己的領土。到了秦惠王的時候，由於蜀國發生內戰，秦國的朝臣間就展開了究竟是要往東發展，還是往南發展的爭論：往東，就是對六國進行軍事戰爭，往南，則是對蜀國地區的進兵。支持對六國進軍的，就是當時剛當上相國的張儀；支持進攻蜀國的，則是另一位朝臣——司馬錯。

張儀上奏秦王說:「以秦國的國力，應該開始往東併吞天下，甚至可以入侵周王室，抓住周天子，天下的諸侯就得聽大王您的話了。若是大王不往東邊發展，反而向南邊發展，等於是放棄爭霸天下的機會，如此是會讓其他

諸侯瞧不起的。」

持相反態度的司馬錯認為：
「秦國地處邊陲，土地又很貧瘠，如果現在貿然對東方六國發動戰爭，不但國力比不上它們，恐怕連糧草都無以為繼，不如請大王先將肥沃的巴蜀地區納入秦國的版圖，使秦國可以成為富強的國家，東進自然不成問題。」司馬錯繼續說，「更何況，現在巴蜀發生內戰，以平定巴蜀內亂之名出兵，也好過張相國的以挾持周天子之名出兵；而且，這樣也比較不會受到列國的干預。」秦王想了一想，覺得司馬錯的建議雖然比較保守，但是穩紮穩打的策略還是比較適合現在的局勢。於是，派遣了張儀和司馬錯兩人率兵攻打蜀國。

但是，當秦國大軍到達秦蜀邊境的時候，卻馬上遇到一個棘手的問題。

　　往巴蜀一帶的路，自古以來就是崎嶇難行的小路，難以容納秦國正規軍的大舉入侵，即使到了唐朝，詩人李白也在詩中說：「蜀道難，難於上青天。」意思就是說，走這條路，比上天還難。因此，要是貿然深入蜀境，蜀國的軍隊只要以游擊戰的方式，躲在茂密的樹林裡對秦軍發動攻擊，對秦國的軍隊而言，是很不利的。於是，張儀想出一個很特別的法子。

　　一天早上，蜀國的邊防軍，看到秦蜀邊境跑來了五頭牛，但是看了半天，這些牛好像都一直待在原地，動也不動。於是，蜀軍派了幾個偵察兵偷偷跑到邊境，仔細一瞧，發現這幾頭牛竟然都是用石頭做的，但是這些牛怎麼來的，卻沒有人知道。

　　蜀國的邊防軍每天都看到秦國的守軍派人在石牛底下找東

西，找到之後似乎都非常高興的樣子。打聽之下，才知道這些石牛每天早上都會拉出金子做的大便。蜀軍將這個消息稟報給蜀王，蜀王便派了使者前去與秦軍談判，說：「這幾隻石牛在秦蜀的交界地帶，所以它們拉出來的金大便，照理來說應該由秦蜀兩國共同擁有。」

可是秦軍卻不這麼認為，他們說：「這幾隻石牛雖然在邊境交界處，但是，石牛的屁股對的是秦國的國境，所以拉出來的金大便，自然也應該是落在秦國境內，所以歸秦國所有。」蜀王派來的使者只好摸摸鼻子，自知理虧的回去了。

但是到了第二天清晨，蜀軍突然發現，所有的石牛都頭朝秦國，尾朝蜀國的站著，蜀軍喜出望外，又派了使者前去交涉。這下秦軍沒有理由拒絕了，一副不

情願的樣子說：「我們光有牛的頭也沒有用，不如你們把石牛都搬回去吧！」蜀軍當然高興極了，心想這下有了會拉金大便的牛，一定會得到蜀王的獎賞的。

但是，通往蜀國的道路狹窄，別說一隻石牛了，就是半隻也過不去。於是，蜀王下令拓寬道路，為的當然是要將這五隻會拉金大便的石牛帶回蜀國。沒有多久的時間，新的道路就完成了。蜀王派了許多人浩浩蕩蕩的把石牛運了回來。當然，石牛到了蜀國就不會再拉金大便了，這一切不過是張儀的詭計而已。

當蜀王還在納悶為什麼沒有金大便可以拿的時候，張儀和司馬錯所率領的秦國大軍已經兵臨城下了。蜀軍不敵強大的秦軍，於是，蜀國被秦國所滅，原來的蜀王被降級成為蜀侯，從此以後變成了秦國的臣屬，而秦國也在

蜀國豐富的物資供應之下，一天天的強大了起來。至於這條為了石牛開闢的道路，當地的人便稱它為「石牛道」，秦軍藉石牛攻打蜀國的故事，也一直在當地流傳著。

當蜀國落入秦國的口袋之後，黔中之地就是秦王的下一個目標了。

當楚王放話要以黔中之地換取張儀的性命時，許多在秦王身旁的人，因為嫉妒張儀受到秦王的寵愛，紛紛對秦王說：「張儀不過是小命一條，而黔中之地有百里之大，如果大王要以軍隊拿下這塊地，不知道要賠上多少秦國將士的性命。如今以一命換百里，絕對是相當划算的一件事。」

秦王雖然心裡很想要這塊地，但是對於張儀，又不忍心將他送到楚國去。張儀看出秦王的難處，於是自告奮勇的表示願意

單獨前往楚國，以換取黔中之地。

秦王說：「你這不是自投羅網嗎？楚王巴不得剝了你的皮洩恨，你怎麼還願意去送死呢？」

張儀對秦王說：「以微臣一人的性命，換取偌大的黔中之地，這當然是件划算的事情，微臣受大王照顧，理當以死報答大王的知遇之恩。更何況……，」張儀詭異的笑了笑，「楚王不一定敢殺微臣喔！」

「哦？」秦王不由得把身體往前傾了傾，好奇的問：「先生難道又有妙計了嗎？快快告訴我！」

「就等微臣平安回到秦國，再告訴大王吧！」張儀嘴角那一抹微笑，讓所有的人都充滿了好奇。於是，張儀辭別了秦王，獨自一個人往楚國去了。

張儀才踏進楚國的邊境，立刻被楚國的兵丁給抓住，把他五

花大綁的送到楚王面前。楚王將張儀關在大牢裡，準備選個好日子，把張儀給殺了，以洩心頭之恨。

張儀被囚禁在牢裡，楚王的臣子中，只有一個人敢去看他。這人不是別人，自然是拿了張儀許多好處的靳尚。張儀知道此行凶多吉少，在出發之前就已經先行派了親信，送了大筆的金錢給靳尚。靳尚好歹也是個知恩圖報之人，買通了獄卒，要他們讓張儀少吃點苦頭。

靳尚對張儀說：「先生這是何苦呢？豈不是明知山有虎，偏往虎山行嗎？現在楚王每天都在想要用哪一種極刑處置先生，我該怎麼幫助您呢？」

張儀將靳尚拉近了點，悄悄對他說了幾句話。靳尚一副恍然大悟的樣子，點點頭說：「靳尚知道了。」於是交代了看管大牢的獄

卒們，要他們好好善待張儀，自己便離開了。

張儀告訴靳尚的悄悄話，到底是什麼呢？原來，張儀又要從楚王的愛妃鄭袖下手了。

第二天一大早，靳尚去見了鄭袖，對她說：「夫人您就快要失寵了，您還不知道嗎？」天下恐怕沒有任何一個女人會比鄭妃更害怕聽到「失寵」這兩個字了，她瞪大了眼睛，對靳尚說：「你這句話是什麼意思？」

「夫人知道秦國的相國張儀被大王抓起來的消息嗎？」

「嗯，我有聽大王提起過，他每次提到張儀這個人，總是恨得牙癢癢的。但是，這跟我失不失寵有什麼關係呢？」

「夫人有所不知，秦王最寵愛的臣子，非張儀莫屬。自從張儀擔任秦相國以來，秦國的領土日益擴大，秦國的國勢也越來越

強，秦王都把這些算做是張儀的功勞，怎麼可能讓張儀平白無故的就被大王抓起來殺掉呢？

「再說，聽說秦王已經放出消息說，願意以上庸之地等六個縣來賄賂楚王，並且還要獻上秦國的美女來交換張儀。土地事小，秦國的美女一來，恐怕夫人您就要失寵了。」

先前，張儀曾經以三晉的美女來騙取盤纏、以秦國的公主來交換同盟，這些事情都令鄭袖記憶猶新。幸好當時張儀都是在欺騙楚王，要不然從楚王的言談中，不難看出楚王對各國美女的渴望。鄭袖左思右想，覺得一定不能讓這件事情發生！

於是，鄭袖不分晝夜的在楚王身旁咬耳朵：「大王您就不要生張儀的氣了嘛！您想想看，做人臣子的，哪有不為自己的主子著想的呢？這是天下不變的道理。

如果現在張儀是您的臣子，他一定也是幫著您去欺騙秦王、齊王的。更何況，現在大王還沒有將土地割讓給秦國，秦王就已經把張儀送來了，這是對大王敬重的表現，如果大王真的要殺張儀，秦王一定會不惜發動全國大軍，即使把楚國給翻過來，也要把張儀救出來的……。」鄭袖說著說著就哭了起來，「我看大王還不如把我們母子送到江南去，也好過留在這裡被秦軍殺掉。」

　　楚王被鄭袖哭煩了，心裡也開始有點動搖了。正在徬徨之際，靳尚又趁機對楚王說：「大王要殺張儀，不過是想要消消心頭之恨，但是對秦國而言，並沒有什麼大的損失。反倒是讓我們損失了黔中這塊肥美之地。不如把張儀的小命留著，也好當作與秦國談判的籌碼。」

　　楚王聽了覺得很有道理，對

　　張儀的氣也消了大半。於是下令將張儀放出大牢，並且賞賜給他許多的金銀珠寶，以作為補償，之後就打發他回秦國去。至於黔中、商於這些土地的紛紛擾擾，最後也就不了了之了。

　　　張儀才剛離開楚國，屈原正好從齊國出使回來。聽到楚王不但沒有殺了張儀，反而厚賜他許多的財寶，打發他回秦國，便趕緊前去拜見楚王說：

　　　「大王不是才被張儀騙得團團轉嗎？微臣本來以為，張儀這次自投羅網，大王不但會把他剝了皮，還會把他煮來吃的。現在張儀竟然毫髮無傷，大王還讓他全身而退回到秦國去，這不正是『縱虎歸山』嗎？我們常說，就是市井的無賴，也會知道有仇必報的道理，何況是貴為一國之君的您呢？我不知道張儀到底對大王下了什麼迷藥，讓您對他這樣

言聽計從的。您這樣做，真的是太不明智了！」

聽了屈原的勸諫，楚王才大夢初醒，恍然大悟，立刻派兵兼程追趕，要把張儀押回大牢。但是，張儀已經離開兩天了，怎麼追得上呢？就這樣，張儀又一次成功的化解了危機。

當張儀笑嘻嘻的出現在秦王的面前，讓秦王嚇了一大跳！

「相國怎麼能夠安然無恙的回到我身邊呢？」

於是張儀把事情的經過說了一遍，讓秦王對張儀的三寸不爛之舌，真是佩服得五體投地。而黔中之地呢？秦王似乎並不十分在乎，因為黔中之地可以靠秦國的武力取得，但是張儀這樣的人才，恐怕失去了以後，就再也找不到了吧？

張儀失寵了

　　張儀從楚國平安回到秦國之後，仍舊馬不停蹄的遊走於各國之間，向各個國君宣傳自己的「連橫」理念，而各國的國君，也多半安於現狀，不願得罪秦國，因此願意支持張儀的政策，使得秦國對國際局勢的影響力，日益增加。張儀見時機成熟，便高高興興的回到秦國，準備向秦王報告這個好消息。但是，正當張儀志得意滿的回到咸陽城，準備接受秦王的封賞時，突然傳來秦王過世的消息。

　　這對張儀來說，是一個很大的打擊。

　　回想當初賈舍人陪著張儀入秦，受秦王的賞識成為客卿。無論是在秦王面前與相國公孫衍的辯論，或是出使各國宣揚連橫政

策，秦王總是站在張儀這一邊。對張儀而言，如果自己是那塊害自己差點被昭陽打死的和氏璧，秦王，應該就是那個挖出和氏璧的卞和吧。現在，秦王駕崩了，張儀這塊和氏璧又將面臨什麼樣的命運呢？

事情果然如我們所想的，張儀失寵了。

新任的秦王，在他還是太子的時候，對於張儀的許多作為就相當的不滿。太子覺得張儀不過就是靠著那一張嘴，就想要在列國之間呼風喚雨。而且，張儀總是在老秦王面前，吹噓著自己要怎麼樣把哪國的土地騙到手，結果最後常是無功而返，但是，令太子不解的是，為什麼老秦王還是這麼的倚重張儀，讓張儀辯才無礙的名聲在列國之間更加的響亮。如果我們還記得的話，之前楚國黔中之地的事情，就是這個

樣子，也難怪新秦王會對張儀這樣的不諒解了。

許多在老秦王時期不受重用的大臣，見到新秦王對張儀不再那麼信任，就趁機在秦王的耳邊說張儀的壞話。

他們總是對秦王說:「大王，您不要看相國好像很得各國國君的尊重，到哪裡都獲得各國國君高規格的接待。其實，這些國君都知道先王寵愛相國，一方面不敢得罪他，一方面也希望巴結他，好讓相國能夠在先王面前美言幾句，免得讓他們變成秦國下一個攻打的目標。

「而且，現在外面都在傳說著，大王您和相國之間感情不好，已經有很多國家想要破壞之前與秦國訂立的約定，打算去支持合縱政策了。大王您不知道，相國在別國國君的眼中，只不過是一個不講信用，出賣國家利益

以求榮華富貴的小人啊！如果大王您繼續重用他，一定會被列國恥笑的。」

　　秦王本來就不喜歡張儀的作風了，現在又聽到大臣們這樣說，對張儀就更加的厭惡，轉而把政事都交給了與張儀關係不怎麼友好的甘茂和樗里疾兩位將軍。

　　事實上，秦王長得人高馬大、身強體壯。他招聚了一群勇士，平時就愛跟這群勇士們比賽角力，所以後世就因為他愛好鑽研武術而稱他為秦武王。也因為愛好武力，所以秦王對於像甘茂、樗里疾這種武將出身，並且為秦國立下開疆闢土大功勞的人才，都會特別的愛護和提拔；反觀像張儀這種只靠一張嘴的文臣，失寵其實是在意料中的事情。

　　大臣批評張儀的壞話言猶在

耳，齊王此時竟也寫了一封信來責備秦王，認為秦王不應該再任用張儀作為相國。

齊王為什麼這麼討厭張儀呢？其實要從之前的故事說起。

當張儀從楚國回來之後，又出使其他國家，進行連橫政策的遊說活動。當他到了齊國，便以三晉的君王們已經把許多土地獻給秦王為理由，說服齊王也跟著三晉獻地給秦王。齊王以為三晉背叛了合縱政策，深怕秦國與三晉聯合來攻打自己，所以也跟著獻地給秦王表示友好。但是，當齊王答應了張儀之後，便聽說張儀對其他國君講的理由都是一樣的，也就是說，張儀都跟每一個國君講：「其他國家都已經要獻地給秦王了，大王還是趕快加入吧！不然難免亡國之禍。」但是，事實上並沒有國君已經獻地給秦國。所以，當齊王意識到自己呆

呆的將土地送給秦王時，當然會相當的氣憤。因此齊王和張儀之間的怨恨，就是這樣造成的。

聽到齊王寫信來的消息，張儀立刻進宮想要晉見秦王。但是，秦王卻遲遲不肯接見他。經過三番兩次的報告，秦王終於勉強的答應了。

「相國此次前來，不知有何指教？」秦王斜躺在榻上，用一副很不耐煩的語氣對張儀說。

「微臣此次前來，是有一個不怎麼高明的計謀，想要貢獻給大王。不知道大王有沒有興趣聽聽？」

「我看相國就快快說吧，別再吊我胃口了，快快把話說完，我還有很多事情要忙呢！」

「微臣聽說，齊王寫了一封信給大王。不知道大王看過沒有？」

「哦？」秦王聽了挑起眉毛

「哦」了好大一聲，「想不到相國的消息還蠻靈通的嘛！但是，齊王寫信給我，關相國什麼事情呢？需要勞煩相國你三番兩次的稟報要見我一面？如果相國只是問這件事情的話，信，我已經看過了。相國請回吧！」

「既然大王已經看過信了，」儘管秦王已經很不耐煩了，但張儀還是繼續說，「想必大王一定知道齊王很討厭微臣吧？」

秦王默不作聲，其實心裡想:「豈止齊王討厭你，我也很討厭你！」

張儀繼續說，「既然齊王這麼不喜歡微臣，那麼，有微臣在的地方，齊王一定會派兵攻打的。可是現在微臣在秦國，齊王就算吃了熊心豹子膽，也不敢對秦國輕舉妄動，所以，微臣想要請大王允許我到魏國去；因為齊國強魏國弱，齊王知道以後，一

定會派兵攻打魏國的。」

　　一聽到可以讓張儀從眼前消失，豈不是正好完成了自己的心願嗎？秦王很興奮的問道：「然後呢？然後呢？」

　　「一旦齊王派兵攻打魏國，大王就可以趁它們兩國殺得天昏地暗的時候，派兵攻打韓國，只要大王可以拿下韓國的三川，往東就是周天子所在的雒邑。到時候，大王就可以一路從函谷關毫無攔阻的進兵周王室。占領了雒邑之後，大王就可以抓了周天子，以周天子的名義命令各個諸侯國，不但如此，大王還可以拿到周天子祭祀用的器具，有了這些祭器，大王您就是新一代的天子了！這可是先王在位的時候，想做而做不到的事情。要是大王可以為先王完成這個心願，相信先王一定會感到安慰的。」

　　張儀的話，確實打動了秦王

的心：取周天子而代之，是每一個國君的心願，更何況，還能順便讓討厭的張儀離開好一陣子，這不正是「一石二鳥」之計嗎？於是，秦王馬上派出兵車三十輛，把張儀送到魏國。從秦王派車的數量與效率，其實不難想像秦王有多麼討厭張儀。

張儀才剛到魏國，齊王果然舉兵前來攻打魏國。當時魏國的國力早已不再是齊國的對手了，所以魏王非常的害怕，不禁抱怨起秦王為什麼把張儀這塊「燙手山芋」丟給他？

張儀早就預料到齊王一定會沉不住氣，派兵來攻打魏國。所以張儀對魏王說：「請大王不要緊張，微臣有辦法讓魏國不費一兵一卒，就讓齊軍撤退。」

「真的嗎？」魏王不相信的說，「我知道相國足智多謀，常常替秦王化解很多危機，但是秦

國強魏國弱，請先生教我如何化解這個危機！」

「微臣自有妙計，請大王拭目以待吧！臣告退。」詭異的笑容再次出現了。

此時的魏王就像秦王、楚王一樣，每次張儀嘴角那一撇淡淡而充滿詭異的微笑，都讓他們感到困惑。現在的張儀已經不是當初年輕氣盛的少年人，取而代之的，是那種更加胸有成竹的把握和自信，讓所有的君王都不得不閉上嘴乖乖的等待結果。

究竟張儀要怎樣化險為夷呢？首先，他先派出了自己的親信到楚國去，在楚國找了一個能言善道又不害怕面對大場面的楚人，派他當作使者，到齊國去拜見齊王。

使者開門見山的對齊王說：「大王這麼討厭張儀，為什麼還要讓張儀留在秦王手中，任由秦

王處置呢？這樣對張儀來說，豈不是太便宜他了嗎？」

　　齊王有點莫名其妙的說：「我確實討厭張儀，只要哪個國家敢收留張儀，我一定馬上出兵攻打那個國家，這跟有沒有讓秦王處置張儀一點關係也沒有啊！更何況，現在張儀人在魏國而不是秦國，跟秦王處不處置張儀，又有什麼關係呢？」

　　「大王有所不知，」使者繼續說，「張儀躲到魏國去，其實是跟秦王串通好的計謀。他們想藉這個機會，一舉攻下周天子的雒邑！」於是，使者把張儀當初跟秦王一同謀劃這場「奪三川、挾天子」的經過述說了一遍。

　　「大王如果出兵魏國，就是中了張儀的計謀，當大王高高興興的去攻打魏國，其實秦王和張儀正偷偷的一步一步走向雒邑，等大王回過頭來的時候，秦王早

已把那些象徵天子地位的祭祀器具據為己有了，到時候秦王一定更加的信任張儀，大王您想害張儀，事實上反而是幫了張儀一個大忙啊！」

　　楚國鄰近韓國，三川又正好界在兩國之間，所以，由楚人來作說客，是最有說服力的了。齊王一聽，嚇了一大跳，立刻下令大軍停止前進，轉而觀望秦國是否真有發兵攻打韓國的打算。當齊軍停止了對魏國的軍事行動，一切果然就如同張儀所說的，秦王也因為顧忌而立刻踩了煞車，不打韓國了。對於魏王而言，當然是鬆了一口氣。

　　至於秦王呢？秦王見到自己可以趁機進攻雒邑，坐享天子大位的機會就這樣變成泡影了，當然氣得全身發抖。但是，由於張儀巧妙的藉由楚國找來的使者作為說客，讓秦王根本想不到真正

出賣自己的，就是自己的相國
——張儀。當秦王還在納悶，到
底天底下還有誰有這個能力洞悉
自己計謀的時候，張儀早就輕輕
鬆鬆的，化解了魏國的危機，並
且獲得魏王極大的信任，立刻任
命張儀為魏國的相國。

　　其實，聰明的人都看得出
來，張儀離開秦國到魏國，本來
就不是為了要幫秦王取得三川。
以當時張儀的處境來說，秦王根
本不想重用張儀，很想找機會把
張儀趕走，可是如果讓張儀到他
國發展，以張儀的口才與智謀，
一定會讓其他的國家更為富強，
儘管現在秦國的國力已經是列國
之首，但是，以張儀的能力，既
然可以讓秦國變強大，難保張儀
不能讓其他的國家也成為下一個
秦國。所以，如果張儀突然說要
到其他國家發展，秦王不但不會
放人，恐怕還會惹來殺身之禍。

現在，張儀以幫助秦王奪三川、挾天子為藉口到了魏國，當然不會願意再回去秦國了。

其實，張儀本來就是魏國人，能夠回到魏國，真正為著自己的國家利益發揮自己的才能，本來就是他拜別老師鬼谷子時的初衷，只可惜，張儀在魏國只當了一年多的相國就去世了。一代縱橫大家，生於魏國，死於魏國，也許，也算是了了他的一椿心願吧！

10 舌頭動一動，世界大不同

　　秦孝公任用商鞅為相，使秦國由一個遠離富庶中原的邊緣小國，變成一個具有強大軍事力量的大國；而秦惠王任用張儀為相，使東方六國在張儀的遊說下相互征伐，終於無力與秦國抗衡。所以後來秦始皇的丞相李斯就說：「惠王利用張儀的計謀，侵略三川之地，往西併吞巴蜀，往北獲得了上郡，向南占領了漢中，奪取了九夷的土地，控制住楚國的鄢、郢兩城，往東占據險要的虎牢，得到了大片肥沃的土地。更重要的是，張儀成功的瓦解了六國的合縱政策，使列國國君都來事奉秦國。」而秦始皇就是靠著張儀所立下的基礎，往東併吞六國，一統天下，結束了東周將近五百多年的混亂局勢。

　　但是，偉大的歷史學家司馬遷卻認為：「張儀和蘇秦兩個人，都是戰國時代足以動搖一國之本的危險人物，而張儀狡猾的計謀與蘇秦比較起來，確實有過之而無不及。世人之所以認為蘇秦不如張儀，是因為蘇秦死得早，張儀活得久，所以張儀可以攻擊蘇秦的缺點來成就自己連橫政策的主張。」確實，和蘇秦比較起來，張儀總是給人一種深不可測的印象。他以秦國強大的軍事力量作為後盾，賣弄他的三寸不爛之舌來破壞列國的合作關係。儘管不是每次都達成目的，但是確實成功的讓列國之間充滿了互不信任的氣氛，最後終於一個一個被秦國所併吞消滅。

　　從張儀被秦惠王立為相國，到張儀在武王的冷落下離開，前後將近二十年的歲月裡，正好是秦國對外展開一連串侵略的時

候。由於秦惠王對張儀的信任，讓張儀可以沒有後顧之憂的在外交舞臺上嶄露頭角。儘管張儀這段期間內，在秦惠王的同意之下，到了魏國做了短暫幾年的相國，但是此時的魏相國張儀，仍舊是處處為秦國的利益著想，而這位「不請自來」的相國，也成功的將魏國拉攏到秦國這一邊。所以，儘管司馬遷不是那麼欣賞張儀，但是他最後仍然認為，只有張儀才有能力將六國已經訂立起來的合縱之約打破，瓦解諸侯間的合作關係。

合縱之約的瓦解，在公孫衍策動的「五國伐秦」之役中表露無遺。表面上當作首領的楚國，最後竟然躲在韓、趙、魏三國的後面，沒有派出任何的兵馬予以支援，當初答應出兵的燕、齊兩國，也在各有盤算的私心中退縮，讓好不容易締結起來的同

盟，終究因為猜忌而裂解。而幕後最重要的靈魂人物，自然非張儀莫屬。

回顧張儀的一生，即使在魏國鬱鬱不得志，吃盡了閉門羹；又在楚國被誣陷，差點丟了小命；在趙國被同學蘇秦鄙視嘲笑，幾乎流落街頭，但是張儀始終相信，只要他的舌頭還在，就還有本錢，也就還有希望。憑著這一股信念，讓張儀在各種的逆境當中，仍然努力不懈。即便是後來遭遇到其他朝臣的嫉妒與攻擊，張儀仍舊能夠憑藉著自己的毅力與智慧，一一化險為夷。當這些被張儀耍得團團轉的國君和大臣，發現原來自己不過是張儀棋盤中的一顆棋子時，想要後悔早已來不及了。

戰國時期在漫長的中國歷史裡，可以說是最混亂的一個時代，但是，卻也是中國歷史裡最

具有活力的一個時代。賦予這個時代活力的，就是這群穿梭於各國君王的面前，宣揚自己理念，實踐自己想法的縱橫家。

儘管許多人都認為，在「縱橫家」的影響之下，戰國時期的各個君王，都僅僅只關心怎樣才能爭取盟國和對外擴展的問題，因為縱橫家們只重視依靠外力，不像崇尚改革政治、經濟和謀求富國強兵的政治家一樣，提出一些真正可以改善政治的方法。而且，縱橫家還喜歡誇大計謀策略的功用，認為那才是國家強盛的主要關鍵。但是，當我們打開這段歷史，這些縱橫家，卻像一顆顆閃亮的星星，將戰國這片夜空，點綴得繽紛美麗；縱然他們的一言一行充滿了爾虞我詐，但是卻也讓我們看見這群策士謀臣的深謀遠慮。蘇秦如此，陳軫如此，公孫衍如此，當然，張儀更

是如此。儘管隨著時間的推移，他們對於時代的影響力已經漸漸褪去，但是他們鮮活的故事和辯才無礙的神情，卻永遠留在人們的心中，就像張儀嘴角那一撇淡淡而充滿詭異的微笑一樣，依舊留給後人無限的想像與期待。

張儀

前 328 年　成為秦國相國，與秦國公子率兵圍攻魏國，攻下蒲陽。

　　　　　魏國割上郡十五個縣給秦國。

前 327 年　獻計讓秦國先歸還魏國焦、曲沃兩地。

前 325 年　秦惠文君稱王，自稱秦惠王。

前 324 年　率兵攻取魏國陝城一帶，秦國順利占領黃河天險。公孫

　　　　　衍離開秦國轉往魏國發展。

前 323 年　與齊、楚的執政大臣相會於齧桑，希望消除諸國對秦國

　　　　　東進的憂慮。公孫衍發起五國相王的運動，魏、韓、趙、

　　　　　燕、中山國之君互相稱王。

前 322 年　轉往魏國，被魏王任為相國。

前 319 年　公孫衍聯合五國，迫使魏王免去張儀的職務，讓公孫衍取代張儀為相。

前 318 年　公孫衍發動五國合縱，討伐秦國，但戰敗而還。

前 317 年　秦國與韓、趙、魏交戰，秦軍斬首韓國軍民八萬人。張儀回秦，秦王恢復張儀的相位。

前 313 年　齊國與楚國聯合攻秦，張儀前往楚國，為楚王重用。楚國與齊國絕交。

前 310 年　秦惠王死，秦武王即位。張儀投奔魏國，被魏王任命為相國。張儀擔任魏相年餘，死於任上。

獻給孩子們的禮物

「世紀人物100」

訴說一百位中外人物的故事
是三民書局獻給孩子們最好的禮物！

◆ 不刻意美化、神化傳主，使「世紀人物」
更易於親近。

◆ 嚴謹考證史實，傳遞最正確的資訊。

◆ 文字親切活潑，貼近孩子們的語言。

◆ 突破傳統的創作角度切入，讓孩子們認識
不一樣的「世紀人物」。

國家圖書館出版品預行編目資料

舌燦蓮花定天下：張儀／胡其瑞著;汀洲畫室－楊濡豪
繪.－－初版二刷.－－臺北市：三民，2012
面；　公分.－－(兒童文學叢書／世紀人物100)

ISBN 978-957-14-4951-7　(平裝)

1.(周)張儀 2.傳記 3.通俗作品

782.818　　　　　　　　　　　　　　　96024745

©　舌燦蓮花定天下：張儀

著 作 人	胡其瑞
主　　編	簡 宛
繪　　者	汀洲畫室－楊濡豪
發 行 人	劉振強
著作財產權人	三民書局股份有限公司
發 行 所	三民書局股份有限公司
	地址　臺北市復興北路386號
	電話　(02)25006600
	郵撥帳號　0009998-5
門 市 部	(復北店) 臺北市復興北路386號
	(重南店) 臺北市重慶南路一段61號
出版日期	初版一刷　2008年1月
	初版二刷　2012年9月修正
編　　號	S 781620

行政院新聞局登記證局版臺業字第○二○○號

有著作權‧不准侵害

ISBN　978-957-14-4951-7　（平裝）